ZENYANG DA LANQIU

怎样打篮球

主　编：张宏成

苏州大学出版社

图书在版编目(CIP)数据

怎样打篮球/张宏成主编. —苏州:苏州大学出版社,1996.10(2012.12 重印)
ISBN 978-7-81037-259-6

Ⅰ. 怎… Ⅱ. 张… Ⅲ. 篮球运动-基本知识
Ⅳ. G841

中国版本图书馆 CIP 数据核字(2006)第 116972 号

怎样打篮球
张宏成 主编
责任编辑 倪 青

苏州大学出版社出版发行
(地址:苏州市十梓街 1 号 邮编:215006)
丹阳市兴华印刷厂印装
(地址:丹阳市胡桥镇 邮编:212313)

开本 850mm×1 168mm 1/32 印张 6.375 字数 160 千
1996 年 10 月第 1 版 2012 年 12 月第 11 次印刷
ISBN 978-7-81037-259-6 定价:9.00 元

苏州大学版图书若有印装错误,本社负责调换
苏州大学出版社营销部 电话:0512-65225020
苏州大学出版社网址 http://www.sudapress.com

出版者的话

我国的全民健身活动，自 1995 年国家制定和颁布《全民健身计划纲要》以来，已成为由政府倡导、社会支持和全民参与的一项有目标、有任务、有措施的宏伟工程。这项工程的有效实施，首先需要大力宣传全民健身计划对提高中华民族素质和促进我国社会主义现代化建设的深远意义，提高全体国民的健身意识，转变“无病即健康”等旧观念，树立科学的健身、健康理念。其次，全民健身活动的实践需要知识的推广、方法的指导和理论的推介。因此，必须强化健身知识、健身方法和健身习惯等方面的教育，使全民健身活动得以健康、广泛、持久地开展。

为了宣传和促进全民健身，我社曾策划并组织出版了“全民健身活动知识丛书”，向读者提供系统实用的体育知识和健身方法，内容涵盖球类运动、武术、器械、健美操、健身跑、体育游戏等各个方面。丛书推出后获得了广大读者的好评，取得了良好的社会效益。

进入新世纪以来，随着经济社会的发展以及工作和生活节奏的加快，人们的健康意识在不断增强，健康观念在不断更新，健身运动日益丰富多彩。尤其是北京申奥成功和 2008 年奥运会在我国的举办，已经并将继续推动全民健身运动的健康发展，“全民健身与奥运同行”赋予全民健身活动以崭新的时代色彩。与此相适应，我们从已经出版的“全民健身活动知识丛书”中选取有广泛群众性和较高普及性的几大球类运动，组织作者作了全面增删修订，并增加了如高尔夫等新兴球类项目，力求融时代性、知识性和鉴赏性于一体，以期为推进新世纪的全民健身活动尽一份绵薄之力。

天下之要，人才而已。天生万物，惟人为贵。国家的兴旺发达，社会的文明进步，经济的发展繁荣，从根本上说都取决于全体国民素质的提高，而身体素质则是思想道德和科学文化等素质的物质载体。因此，全民健身活动不仅能使当代人受惠得益，而且将为培养下一代，为我们国家立身于世界先进民族之林打下坚实的基础。

苏州大学出版社
2006 年 10 月

目录

·怎样打篮球·

前言 …………………………………………………… (1)

第一章　篮球运动的起源 …………………………………… (1)

第一节　“篮球之父”与篮球的发明 ………………… (1)
第二节　“篮球之母”与女子篮球运动的起源 ………… (5)

第二章　篮球运动的传入 …………………………………… (9)

第一节　中国篮球之乡——天津 …………………… (9)
第二节　“南开五虎” …………………………………… (13)
第三节　中国“篮球之父”——董守义 ……………… (15)

第三章　篮球流派的形成 ………………………………… (18)

第一节　美洲流派 …………………………………… (18)
第二节　欧洲流派 …………………………………… (20)
第三节　亚洲流派 …………………………………… (21)

第四章　篮球的基本技术 ………………………………… (23)

第一节　传、接球技术 ……………………………… (24)
第二节　投篮技术 …………………………………… (29)
第三节　运球技术 …………………………………… (35)

第四节　抢篮板球技术 …………………………… (41)
第五节　防守技术 ………………………………… (43)
第六节　移动技术 ………………………………… (52)

第五章　篮球的基本战术 ……………………… (55)

第一节　阵容配备 ………………………………… (56)
第二节　二三人配合 ……………………………… (60)
第三节　全队战术 ………………………………… (71)
第四节　指挥谋略 ………………………………… (83)

第六章　篮球训练的组织与管理 ……………… (89)

第一节　训练计划的制定 ………………………… (89)
第二节　篮球技术训练 …………………………… (94)
第三节　素质训练 ………………………………… (98)
第四节　实战训练 ………………………………… (102)

第七章　篮球竞赛规则及执裁方法和技巧 …… (105)

第一节　篮球竞赛规则 …………………………… (105)
第二节　篮球竞赛执裁方法和技巧 ……………… (120)

第八章　国内外篮球重大赛事 ………………… (126)

第一节　国际篮坛重大赛事 ……………………… (126)
第二节　国内篮坛重大赛事 ……………………… (143)

第九章　国内外著名的篮球队 ………………… (153)

第一节　国外著名的篮球队 ……………………… (153)
第二节　国内著名的篮球队 ……………………… (162)

第十章 世界著名篮球运动员 …………………… (171)

第一节 国外著名篮球运动员 …………………… (171)

第二节 中国篮坛著名篮球运动员 …………………… (181)

主要参考文献 …………………… (193)

前言 ·怎样打篮球·

篮球在我国有着广泛的群众基础,是最受人们喜爱的运动项目之一。随着生活水平的提高及余暇时间的增多,人们对提高自己的生活质量和健康水平的需求与日俱增,参加篮球运动、关心篮球的人也越来越多。当前,全国职业篮球联赛改革正在进一步深化,2008 年北京奥运会即将举行,这些都为篮球运动的开展、普及和提高创造了非常优越的环境和机遇。《怎样打篮球》一书吸取了国内外篮球运动最新的动态和先进的篮球理论知识,融科学性、知识性、实用性为一体,通俗易懂,图文并茂,面向广大的篮球运动工作者和爱好者。本书既可以作为大、中学生自我锻炼的指导用书,也能作为基层从事篮球训练、比赛的参考用书。

本书由苏州大学体育学院张宏成教授主编,胡乔、李睿可、魏磊、刘丹、庄艳华等同志参与了编写工作。由于水平有限,书中不足之处敬请广大读者指正。

编　者

2006 年 6 月

第一章　篮球运动的起源

关于篮球运动的起源,说法不一。据美国出版的《体育纪录》一书记载:16 世纪时,在墨西哥居住着一原始部族——阿兹待克族。相传该部族曾进行过一种叫做“奥拉马里兹里”的竞技活动。从记载看,这项竞技使用的是一种实心核皮球,比赛的青年男女站在球场的一端,而另一端有一高台,上面有石垒的圆环。比赛的双方分别将球掷向环内,投中者将被授予华丽的衣装,以赞誉其勇敢和机智;而失败的一方则要付出极大的代价:他们的队长往往被斩首。也有资料记载,古印第安人曾开展过将球投入系在木柱上的圆环内的游戏,这种游戏对近代篮球的发明起过一定的启发作用。

第一节　“篮球之父”与篮球的发明

近代篮球运动于 1891 年起源于美国东部地区的马萨诸塞州(Massachusetts,也译为麻省),是由该州的斯普林菲尔德市(春田市)基督教青年会学校教师詹姆士·奈史密斯(James Naismith)博士(图 1-1)设计和发明的。

图 1-1　詹姆斯·奈史密斯

奈史密斯是加拿大人,生于 1861 年,直到 64 岁时才正式成为美国公民。8 岁时,父母死于风寒,兄妹三人跟单身的叔叔一起生活。他从小就显示出不畏艰难、喜欢冒险的精神。

奈史密斯16岁时辍学,当了一名伐木工人。四年后的一天,他同朋友坐在镇上酒吧里喝酒,偶然间抬头瞧见过去的一位老朋友,那人用责备的眼光看着他说道:"你妈现在已不能照顾你,希望你自重。"惊讶之余,奈史密斯放下酒杯,离开了酒吧,心里默誓要戒掉酗酒的陋习,重新做人。不久后,他考入麦克吉尔大学,获医学、神学学士学位,并继续在麦克吉尔大学攻读牧师学,准备做牧师,但读了三年后才发现,他的兴趣是体育,而不是牧师学。由于麦克吉尔大学当时并没有开设体育这一科系,因此他只好忍耐到毕业,然后到了美国麻省的春田学院,谋得一个体育指导员的职位。春田学院是神职人员训练所,学员都是年轻力壮的小伙子,奈史密斯和他们相处融洽。

麻省的冬天在11月份就开始下雪,室外运动不得不停止,而当时的室内运动只有体操与器械操,学员们觉得乏味而枯燥。有一天,春田大学体育系主任高力克博士对奈史密斯说:"学员们是因为没有适当的运动才如此无精打采的,所以请你动点脑筋,想一种能引起学生们活动兴趣的室内团体运动,让大家快活起来。"

根据当时的情况,奈史密斯博士认为,要使新的体育竞技项目达到预期的效果,必须做到以下三点:

第一,为了消除人们对当时的体育运动由于粗野行为而产生的恐惧心理(指橄榄球),新的竞技运动必须是文明的,严禁粗野的行为。

第二,为了弥补足球、棒球受季节和气候局限的不足,新的竞技运动必须不受冬季气候的影响,并且能在室内和晚上进行。

第三,必须改变过去采用的瑞典、法国、德国式枯燥的训练方法,且不同年龄、不同性别的人都能参加这项运动,特别是能吸引青年人参加。

奈史密斯曾经把某种户外运动项目搬进室内进行,并试用过橄榄球,但由于橄榄球猛烈的旋转和变向,难于在体育馆内坚硬的场地上进行;随后他把足球搬进室内,但又有不少队员受伤和许多窗户玻璃被损坏;在室内进行长柄曲棍球运动的尝试也失败了,因为场地限制,学生经常搅在一起用球棍互相打击。最后,奈史密斯意识到,要把某一种成熟的运动项目照搬进室内,很难收到理想的效果,只有吸收各项目的一些特点,才会创造出一种受学生欢迎的新项目。他在分析当时的各项体育活动时发现,已有的项目大都使用球进行活动,而活动时,动作的难易程度与所用球的大小似乎成反比关系,即用小球的时候,需要用棒、杖、拍等器具间接地控制球,而用较大的球时,则要用脚、手来控制和支配球,才便于做出各种动作。当时,用间接器具和脚来控制球的项目已有棒球、长柄曲棍球和足球。奈史密斯认为应该设计一种用手直接控制球的新型运动项目。他把足球作为设计新的运动项目的最佳模式,并在设计过程中进行了必要的、大胆的修改。鉴于室内场地(健身房、体育馆)的空间限制和室内地面比较坚硬等条件,奈史密斯将"必须限制队员持球后的跑动和禁止粗野动作的发生"作为最初的规定。在选择投射目标时,奈史密斯曾一度想使用足球等项目的球门,但是,用力将球射入与球场垂直的球门又不符合"限制队员粗野动作发生"这一原则。

春田学院所在地是一个盛产蜜桃的地方,各家各户都备有装蜜桃的篮子。一日,奈史密斯在市场看见工人在搬运水蜜桃时,用投掷的方式代替搬运,而且工人们投掷技术高明,每投必中。同时在民间,一些调皮的儿童常用桃投向桃筐进行嬉戏,比赛看谁投得准。这启发了奈史密斯创编篮球运动的意识。奈史密斯将装水蜜桃的篮子钉在室内运动场两端[二楼凸出悬空的走廊外缘,由于悬廊有10英尺高(3.05米),因此决定将桃筐就钉在10英尺高的地方],再参考美式足球、欧式足球与冰上曲棍球的规则,拟定了篮球游戏规则共 13 条。

就在圣诞节假期收假后的体育课上，奈史密斯将 18 位学生分成两队，每队 9 人。奈史密斯原来的构想是：每队人数不限，让所有的学生都能够参与活动，所以每队上场球员最多可达 40 人，最少 3 人。主要规则有：把球丢进筐里算得 2 分；防守者第二次犯规要下场禁足，直到对方进球后方可解禁再上场；如果一队犯规到第三次，则对方得 1 分。值得注意的是：在最原始的规则中，不允许球员运球或拍球，只允许传球或掷球到某一点，然后掷球员跑过去接球。同时也没有罚球的规定，罚球在 1894 年才被纳入规则。奈史密斯在当初的比赛中对球员的职责与位置作了划分，但都沿用了欧式足球和冰上曲棍球的名称，如中锋、左右锋、左右卫、中场卫和守门员等。在比赛中，奈史密斯不停地吹着哨子纠正不符合规则的动作，同时不停地呼喊“传球！传球！”，还请了两名校工，搬了两张梯子放在筐边，以备取球用。尽管两队直到最后才投进一球，比赛结果为 1∶0，但学生们仍然玩得兴高采烈，余意未尽，恢复了应有的活力。

几天后，有位叫弗兰克·马洪的学生向奈史密斯询问：“那是什么游戏？”奈史密斯一时之间不知如何回答，这位学生建议说：“叫奈史密斯球如何？”奈史密斯说：“不可，不可！”弗兰克·马洪再建议说：“那就叫篮球（Basketball）怎么样？”奈史密斯即刻赞成。开创初期进行这种游戏时，最大的问题是篮框有底，每投中一次，球便留在篮子里，必须利用梯子爬上去把球拿下来，才能继续比赛。据说，后来因为一名学生从梯子上摔下来，篮底得以取消。正是这一“摔”，才使得篮球这项运动有了突破性的进展。

奈史密斯 30 岁时发明了篮球，但篮球诞生以后一直被人们所忽略，直到 1936 年在柏林奥运会上才受到应有的关注和重视。75 岁高龄的奈史密斯随美国篮球队抵达柏林，但美国篮球队只为他提供从美国到柏林的机票费用，不承担他在柏林的旅馆和入场券等费用。美国奥委会对此也置之不理，这使得这位篮球之父心情十分沉重。国际业余篮球联合会首任秘书长威廉·琼斯则很尊重和敬佩他，不仅解决了他的旅馆费用，并邀请他为奥运会首场篮球比赛开球。开球前，琼斯向全体参赛运动员介绍了这位篮球发明者，奈史密斯受到了大家的热烈欢迎。全部比赛结束后，琼斯又安排奈史密斯主持颁奖仪式，并授予他一枚奥林匹克特别勋章，以表彰他发明篮球的功绩。当一位德国小姑娘向他敬献一顶月桂冠时，奈史密斯欣喜万分，竟激动得把自己的帽子抛向了观众。

奈史密斯于 1939 年逝世。为了永远怀念这位篮球运动的先驱，国际篮联在 1950 年第一届世界男子篮球锦标赛期间举行的第一次中央局会议上，决定把世界男子篮球锦标赛的冠军奖杯命名为“奈史密斯杯”。

为了纪念奈史密斯对体育和人类文化作出的巨大贡献，美国于 1959 年在篮球圣地——春田大学，建造了著名的奈史密斯篮球纪念馆。至今纪念馆的墙上还刻着他生前的座右铭：“我的一生中，留给世界的东西应比得到的多。”

第二节 “篮球之母”与女子篮球运动的起源

篮球运动始于 1891 年，这项体育运动刚一兴起就吸引了众多的年轻人，春田大学体育馆里球声、喊声总是汇成一片。一天，常常途经体育馆去用餐的一群白金汉小学女教师出于好奇，推开了体育馆的侧门，她们惊奇地发现：一些小伙子正在欢快地抢着一个球，抢到球的人还试图把球掷进悬挂在体育馆两端的桃筐里。她们一下子被这个愉快而又有竞争意义的游戏吸引住了，大家竟忘记了去吃饭。以后她们便经常去看小伙子们打球。

不久，几个勇敢的姑娘便去找奈史密斯博士，询问妇女是否也能参加这项体育游戏。这位篮球之父虽然还未想过这个问题，但为了鼓励更多的人来参加这项活动，便随口说了句“为什么不可以呢?”于是在奈史密斯的精心安排下，这群勇敢的姑娘便开始了第一次尝试。据篮球史学家记载，她们就是奈史密斯博士发明篮球以后的第一批女篮运动员。

虽然第一次尝试并不美妙(由于她们有的穿便鞋，有的穿长衣，碰倒的、滑倒的不少)，但篮球运动还是由此赢得了越来越多妇女的喜爱。1892 年，在春田大学体育馆里举行了第一场正规的女子篮球比赛。比赛的一方是前述白金汉小学的那群女教师，另一方是白金汉小学的另一些女教师和速记员。其中一位名叫谢尔曼的运动员，正是通过篮球运动结识了奈史密斯，他们因志同道合而于 1894 年结为伉俪。

篮球运动的创始人是詹姆斯·奈史密斯博士，而女子篮球运动的创始人则是森达·贝伦森女士(1868—1954)。

1868 年，森达·贝伦森出生于立陶宛的维尔纳。1885 年，她随母亲、哥哥和妹妹一起来到美国，和早一年到达美国的父亲团聚，全家在美国波士顿定居。在波士顿拉丁学校，贝伦森由于身体虚弱，经常因病缺课，所以不得不推迟毕业时间。她曾想上波士顿的新英格兰音乐学校学习音乐，可是她的身体不能应付长时间的音乐练习，这使她相当痛苦。为了使身体强壮起来，1890 年年底，她上了波士顿体操师范学校，开始学习瑞典体操。森达·贝伦森没有想到，她迈出的这一步使她从此与体育结下了不解之缘。体操训练不仅改变了她的身体状况，而且改变了她的认识，使她对体育产生了极大的兴趣和爱好。由于她学习成绩优良，一年半后被推荐到史密斯学院任体育教师。

有一天，贝伦森偶然读到了附近的斯普林菲尔德基督教男子青年会师范学校的校报，上面刊登着一篇有关篮球运动的文章。

文中介绍篮球运动是一位名叫奈史密斯的教师为男孩子们设计、可在冬天里开展的运动。读后她立即找到了奈史密斯先生，请求允许她尝试将篮球作为女子的一项运动。她很幸运，奈史密斯先生不仅同意了她的请求，还给予她很有价值的指导。于是，1892年秋，贝伦森将这一运动引进到史密斯学院的体育课上。虽然这些姑娘不是最早的玩篮球者，但是篮球运动作为体育课的一部分仍属首创。

后来，贝伦森针对女性的特点，对奈史密斯的十三条规则进行了认真的修改。她所作的最早的修改之一就是把比赛场地分为三个区，高个队员只能在规定的区域内活动，这就是人们所知道的早期的“划线篮球”。1893 年 3 月 23 日，她指导了史密斯学院的一年级学生对二年级学生的首次女子篮球比赛。参赛的两队各有 9 名队员。这场女子比赛吸引了不少观众，博得了同学们的称赞。比赛结束后，贝伦森对规则作了进一步的修改。比如：允许队员持球，但不得超过三秒钟；拍球不得超过三次；从别人手里抢球是犯规行为；等等。因此，女子篮球运动于 1893 年在史密斯学院正式诞生。

贝伦森对规则进行修改后，其他人纷纷效法，弄得篮球规则五花八门，人们不知哪一种规则最适合这一运动。这时贝伦森感到，规则必须被正式承认才行。于是，当她得知美国体育进步会将于 1899 年在斯普林菲尔德基督教青年会国际训练学校举行会议时，她要求到会旁听，并要求接受她的女子篮球竞赛规则，把它作为全国性教育组织的一项正式规则。美国体育进步会会长达德利·A. 萨金特赞同这个观点，立即指定成立一个由 4 位女体育教师组成的委员会作为美国体育进步会女子篮球规则委员会。当时，由奥伯利学院的艾丽斯·B. 亨雷斯特（1866—1937）任该委员会的主席，波士顿体操师范学院的伊丽莎白、顿特和贝伦森被任命为委员，贝伦森担任制定规则的主编。这样，美国第一个女子篮球规则委员会正式诞生了。这个委员会制定的规则印发后不久，由于需求量大，美国业余体育联合会秘书詹姆斯·E.沙利文(1860—1914)请求贝伦森把规则交给美国体育运动出版公司，和斯波尔丁体育丛书一起出版。1901 年，第一本《女子篮球指南》正式出版。

1905 年，女子篮球规则委员会成为妇女篮球委员会，贝伦森任主席，一直到 1917 年。贝伦森为女子篮球运动尽心尽力长达 25 年之久。为了纪念她，史密斯学院斯科特体育馆前的那条宽阔大道被命名为贝伦森广场，她被誉为美国第一位“篮球小姐”。

第二章 篮球运动的传入

篮球运动被传入中国后的这一百多年里，孕育了许多杰出人物，也发生了许多大事。在这里无法一一道来，只好截取其中的一些片断，回顾一些历史人物，来了解篮球在中国早期发展的一些历史。

第一节 中国篮球之乡——天津

篮球运动被传入中国的时间，中外书籍有若干种不同记载，最早者为 1892 年，最迟者为 1909 年。而传播和介绍篮球运动的人士与地点，亦有各种说法。有资料称：篮球运动是在 1894 年传入旧中国的，当时在天津、北京、上海、广州等地中华基督教青年会里有了活动，后来逐渐在一些教会学校里有所开展。有的体育史研究人员则提出：近代篮球运动于 1896—1898 年传入中国，是由美国人蔡乐尔在天津青年会中传授的。

对此问题，我国台湾汤铭新先生曾经向美国篮球界著名人士发函查询，并于 1965 年亲自前往美国考察，他先后在马萨诸塞州斯普林菲尔德（旧译麻省春田）国际基督教青年会训练学校、纽约青年会、普林斯顿大学图书馆等地多方探询，并访问了居住在芝加哥的蔡乐尔博士（Dr. C. Saler）本人，得到下列两项比较重要的资料：篮球运动发明人詹姆斯·奈史密斯博士在 1936 年所著《回忆录》中称，篮球运动是由美国人盖利博士（Dr. R. R. Gailer）于 1898

年前后传入中国天津的。而天津青年会创建于1903年。当时,篮球运动初创不久,尚未定型,并无正式比赛。盖利博士原是普林斯顿大学美式足球(橄榄球)选手,因传教关系前来中国,从事介绍西洋体育活动。1910年毕业于美国堪萨斯大学的蔡乐尔博士,是篮球发明人奈史密斯博士的学生,1912年9月27日由国际基督教青年会协会派遣来华,在天津青年会体育班任教,传授篮球,经常至各学校义务指导或担任裁判,曾担任我国第一、第二、第三届远东运动会篮球队教练,对我国早期篮球运动的发展起过重要作用。

1895年12月8日出现在天津中华基督教青年会的篮球游戏表演,绝不会是突如其来的。作为一项运动,一定要有一个由熟悉、酝酿到掌握的过程,也就是说篮球传入中国的确切时间是1895年9月。美国人来会里博士(Dr. Lyon,中国名字叫李昂),受北美青年会的派遣来中国天津筹建城市青年会,同年12月8日,天津中华基督教青年会在医学堂成立,会前与会后都表演了篮球游戏。1896年1月11日下午4时,天津中华基督教青年会举办了中国篮球运动史上较为正式的篮球表演。在考证近代篮球传入中国的起始问题上,据1948年赴美的吴志钢博士介绍,1896年天津基督教青年会曾公布以下三次英文布告,布告的原件收藏在纽约市百老汇街291号基督教青年会历史图书馆内。吴志钢博士特地将三次英文布告抄下后寄回国内。这三次英文布告的内容如下:

第一次布告　1896年1月11日

A game of basketball will be played this afternoon, all young men interested in athletics are invited to be at the room promptly at 4 o'clock in order to join the game.(一场篮球赛将于今日下午举行,所有爱好运动的青年,请于四时踊跃参加。)

第二次布告　1896年1月18日

A game of basketball will be played this afternoon at four o'clock if the weather permits. Come and join the game.（如果天气好的话，今天下午四时举行篮球赛，来参加这项运动吧。）

第三次布告 1896 年 4 月 4 日

An enthusiastic game of basketball was played on last Saturday afternoon. Another game will be played today at four o' clock. Come and learn the game.（上星期六下午举行了一场热烈的篮球赛，另一场将于今日下午四时举行，来学学这项运动吧。）

这是迄今为止我国有关篮球活动最早的文字记载，它说明天津中华基督教青年会于 1895 年 12 月举行了中国近代篮球运动史上最早的篮球表演活动。

来会里在他的《中国青年会早期史实之回忆》一文中有这样的记述：天津青年会的会员对篮球亦极感兴趣，故一时有成为群众运动之势。但在玩球以前，他们的一番姿态很是可观，他们必须盘好自己的头辫，修短长长的指甲，把不便利的长袍脱去。这样，他们就把书生的尊严放弃，而换成一副高兴活泼的姿态了。但是，这种运动只在会所草地围墙背后举行，场地颇为狭隘。

从这段记述中可以看出，篮球传入中国的初期阶段尚未形成运动，自然是技术动作也较简单，更谈不上比赛中的战术运用了。但是，它毕竟是中国近代篮球运动的开端。

天津早期的篮球活动，球场设在青年会院子的后面，场地没有一定的尺寸，人数没有限制，规则也很简单。用的是足球，没有指导，当然更谈不上什么技术了。

天津篮球运动在合乎规则的场地上进行活动，是在 1910 年近代中国第一届运动会之后，于 1911 年才开始的。场地由 1896 年的一种只有 4 条界线的场地（图 2-1 甲）改变而成（图 2-1 乙），增加了罚球线（距端线 15 英尺，约 4.58 米）、中圈和跳球短线。

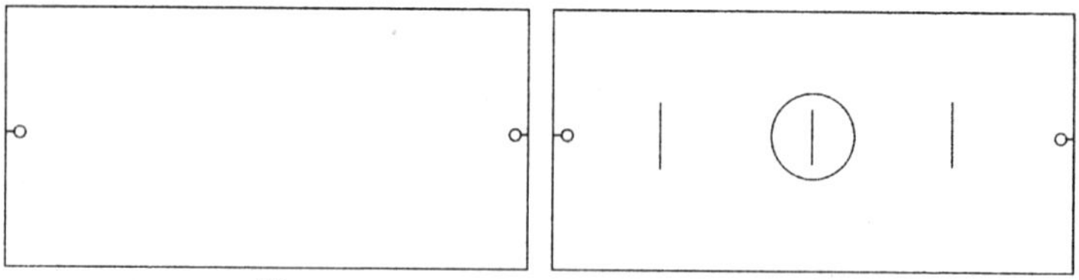

图 2-1　天津篮球运动的场地变化示意图

天津青年会普通中学、南开中学、省一中、高等工业学校和新学书院都是在 1911—1912 年开展篮球活动的，在此之前没有开展过全市性的篮球联合比赛。

华北是开展近代篮球活动的最早地区。1908 年，保定同仁学堂就有人在空地两端的树上各挂一个竹篓做筐子玩这种游戏。华北开展篮球活动较早的学校还有北京的清华学校、汇文中学、高等师范学校和通县协和书院等。华北地区内的其他省、市学校篮球活动也于 1914 年在北京召开的华北运动会以后相继开展起来。

1910 年 10 月，在南京南洋劝业场举行的"全国学校区分队第一届体育同盟会"（辛亥革命后追认为旧中国第一届运动会），是于清末宣统二年由邮传部全国高等实业学校和各地青年会倡办召开的。

当时，把全国分为东、西、南、北、中 5 个区，但实际参赛的是华北、武汉、吴宁（苏州、南京），而上海、华南多是各学校代表队。这次运动会上没有设篮球锦标赛，只是在会后进行了篮球表演。参加单位是华北、上海和吴宁 3 个队，结果上海胜吴宁，华北与上海的决赛是在上海青年会篮球房进行的，结果华北队获得了冠军。华北队是由天津和北京两地参加这次运动会的田径运动员临时组成的。对这次在全国运动会上进行的首次篮球表演，国内报界曾有以下评论：技艺幼稚，形式陈腐难看，多数队员着袍参赛，充满着中古时代的色彩。

在华北篮球活动的开展中，美国人饶柏森(C. H. Robertson)起了一定的作用。他于1904—1908年在北京与天津青年会工作期间，积极倡导篮球运动。在任天津中华基督教青年会干事时，他曾到京、津各校讲授“西洋体育”，同时也宣传了近代的篮球运动。

华北篮球运动于1913年以后呈现出更大的兴起与发展的局面。

第二节 “南开五虎”

沿南开大学大中路西行至新开湖西岸，一条水泥路通向现在的日本研究院和体育馆。这条不太起眼的水泥路名为“五虎路”，意在纪念当年威名远扬的南开篮球队五位主力队员。

1. “南开五虎”是20世纪二三十年代中国篮坛大腕

提到20世纪二三十年代的中国篮球，就不能不提南开篮球队，讲到南开篮球队则必提“南开五虎”——篮球队的五位主力队员，即王锡良、魏蓬云、李国琛、刘健常、唐宝堃。用现在流行的话讲，“南开五虎”当时可谓是誉满全国、威震远东的篮坛大腕。

2. 清华人嘲笑南开篮球队，激起南开学子雪耻之心

南开学校推广篮球运动甚早。1924年南开校队与清华校队在北京清华园举行友谊比赛，南开败北。比赛结束后，清华人用“篓子”来比喻和嘲笑南开篮球队球技不佳。玩笑固然不值得一提，但这小小玩笑却激起了南开校内喜好篮球学生的雪耻之心。1925年，南开中学初一、初二学生王锡良、魏蓬云、李国琛等人发起组织篮球队，后来刘健常也加入球队，他们苦练篮球技术，球技日进。1926年，王、魏、李、刘四人和学校少年队的唐宝堃被选为南开篮球队主力队员，在体育教师齐守愚的指导下，他们在天津市篮球赛中获得冠军。1928年，南开篮球队参加华北区男子篮球比

赛，经球队教练董守义（解放后曾任中华全国体育总会副主席）的临场指导，连克劲敌燕京大学、北京师范大学、新学同门三队，一举夺得华北篮球锦标赛冠军，名声大噪。

南开篮球队华北凯旋不久，应邀赴上海，与沪上三强队交锋，连战青年会西国队、沪江大学队、美国海军队，三战三胜，声震沪上。当时，正值菲律宾篮球队在日本比赛得胜回国，转道上海。时菲队锋头正健，号称远东霸主，上海各队大多不敢与其争锋，南开篮球队独不示弱，"南开五虎"更是摩拳擦掌，欲与其一比高低。因为菲律宾队是历届远东运动会篮球冠军，为远东劲旅，所以比赛当日观者无不为南开健儿捏一把汗。比赛开始后，两队来往交锋，高潮迭现，比赛场面煞是好看，而南开健儿攻守咸宜，合作默契，更是给人留下了深刻的印象。经过数场激烈战斗，"南开五虎"终以6分优势险胜。比赛甫定，在场观众欢呼着涌入赛场，将"五虎"高高举起，从此"南开五虎"名扬神州。"南开五虎"自沪上载誉归津后，于暑期继续进行刻苦训练。1928年冬，球队远征东北，六战六捷。1930年，南开篮球队又先后获得万国篮球赛冠军、杭州第四届全国运动会篮球冠军。不久，"南开五虎"又作为主力队员加入了中国篮球代表队，赴日本参加第九届远东运动会，为国效力。在以后的岁月里，"五虎"或升入各大学继续深造，或离校他就，但他们的美名却永远地留在了南开学校和中国篮坛史册。

生长在天津的唐宝堃（1910—1988），被称为"中国篮球王"。他曾是闻名中外的天津"南开五虎"之首，是20世纪30年代中国篮球界的"最佳前锋"。当时《大公报》、《庸报》等报刊联合评出全国篮球界一百单八将，唐宝堃独占鳌头。1936年，他随团出访南洋诸国，47场比赛无一败绩，使中国人民扬眉吐气，为海外华侨增光添彩！新中国成立后，他曾任八一男子篮球队首任主教练。1999年，中国篮球协会授予他"新中国篮球运动杰出贡献"奖。

第三节 中国“篮球之父”——董守义

“南开五虎”传奇般的人生经历逐渐为广大读者所知，但他们是由哪位教练调教出来的？他们的教练最终身处何方？

董守义1895年11月20日出生于河北省蠡县。他从小酷爱篮球运动，为中国体育事业奋斗了一生。

1907年初，董守义进入保定公理会办的同仁学堂，他的篮球生涯也由此开始。在一次课外活动中，新来的体育老师把两只没有底的竹筐钉在操场两端的树干上，然后对着身着长衫的同学们说：“今天我教大家玩一种新游戏——筐球。”老师双手持球，从腰前向前上方投出，球不偏不倚地落进竹筐，操场上顿时响起孩子们惊喜的叫声和欢呼声。他要孩子们把长襟掖在腰间，辫子盘在头上，然后教他们拍球、运球、传球……

董守义觉得这比兵操好玩多了，他迷上了这个新奇的“游戏”。儿时拾柴、打草、爬树、上房的生活锻造了他健壮的体魄，再加上勤奋不辍的练习，他的球艺很快在同仁学堂里有了小小的名气。1910年，董守义来到通州协和书院中斋部上学，协和有重视音乐和体育的传统，他的体育天赋在这里得到了极好的发挥。在中斋部学习的两年里，董守义的球艺如同他的个子一样长得很快。因此，一升入大学部就成为校篮球队的队长和中锋。大学期间，董守义作为协和篮球队的队长参加了在北京天坛举行的第二届华北运动会的篮球比赛。

1916年董守义大学毕业，摆在他面前的有两条路：一条路是当传教士，另一条路就是干体育。他毫不犹豫地选择了后者。董守义应美国篮球运动的创始者奈史密斯教授的高才生蔡乐尔（天津基督教青年会体育干事）之邀，到天津青年会体育部当练习生。

不久，南开学校的物理教师兼体育主任章辑五，代表张伯苓校长力邀董守义来南开任教，董守义欣然接受南开的邀请。此后，董守义每天上午10点到南开学校领一次课间操，然后每周用三个下午的时间指导篮球队训练。在董守义和章辑五等教师的共同努力下，南开学校的篮球水平迅速提高。1922年，在天津学校联合运动会上，南开队初露锋芒，连克实力最强的青年会队和曾获得华北运动会冠军的高等工业学校队、官立中学队以及称雄津门多年的新学书院队、北洋大学队等多支劲旅，一举夺魁。

1923年5月，董守义被青年会推荐到美国麻省斯普林菲尔德市的春田学院留学。在留学的这两年中，他以自己的勤奋和才华，证明了黄皮肤的中国人并不是“东亚病夫”。留学期间，他获得了美国中部青年夏令营体训班网球比赛双打冠军之一，还是棒球赛的冠军成员之一。作为春田学院网球队队长，他夺得过美国东部青年会夏令营网球比赛的单打和双打冠军，同时还是春田学院橄榄球代表队的中锋。校方对董守义极为赏识，在学习结束时，学院为他安排好了工作和住房，极力挽留他留校工作。但心怀大志的董守义没有留恋美国富裕的物质生活和良好的工作条件，两年的留学生活使他深深感到，中国人缺乏的并不是运动天赋，而是练习的机会，自己应该为此效力。1925年7月，董守义毅然回到天津，开始担任青年会体育部主任。

董守义回津后，已担任全国体协董事长的张伯苓校长重新聘请他为南开学校的体育指导。就在这时候，董守义用当时全球最先进的篮球理念训练出了饮誉神州的“南开五虎”。1934年，中国选拔参加第十届远东运动会的十二名篮球队员中，南开学生就有五名，这足以见得董守义执教水平之高。董守义带领这支球队远征菲律宾，两次战胜日本队获得亚军。

1935年，第六届全国运动会在上海举行，董守义担任了大会的审判委员兼篮球裁判长。同年，他被推选为中华全国体育协进会理事和教育部国民体育委员会委员。1936 年 7 月 9 日，董守义作为中国代表团篮球队教练参加在柏林举行的第十一届奥运会，运动会期间，他代表中国参加了国际篮球协会会议并被推选为国际篮球裁判会会员。第十一届奥运会闭幕以后，董守义和清华大学的马约翰先生自费考察了欧美十六国。1947 年 6 月 18 日，董守义出席了在斯德哥尔摩举行的国际奥委会第四十次会议，并被选为国际奥委会委员。转年 7 月，他作为中国代表团总干事参加了在英国伦敦举行的第十四届奥运会，但因为国民党政府不重视体育运动，中国代表团连最起码的食宿问题都无法解决，比赛结果自然是全军覆没。回国后，他留在浙江大学篮球队做总教练。

1952 年 11 月，中华全国体育总会调董守义到北京体育总局和国家体委工作。1954 年上半年董守义当选为体育总局副主席。1955 年 6 月，与国家体委副主任、中国奥委会副主席兼秘书长荣高棠等一行六人飞抵巴黎参加国际奥委会第五十届会议。1956 年，董守义当选全国篮球协会主席，同年赴墨尔本出席国际奥委会会议，在会上会下积极工作，广泛接触了国际奥委会委员，新中国的体育成就引起了普遍关注。

此后，董守义又担任了国家体委运动司副司长，并着力于整理中国体育事业发展进程的资料，将自己一生所学撰写成《篮球术》、《田径赛术》、《欧洲考察日记》等多本书籍，为我国体育事业的发展留下了珍贵的文字资料。

1978 年 6 月 13 日，董守义在北京去世，终年 83 岁。

第三章　篮球流派的形成

篮球运动自诞生后便以惊人的速度得以传播和发展，在不到三个月的时间内，就普及美国的各个地方。

篮球运动于 1892 年首先传至邻国加拿大，1893 年传至法国，1895 年传至中国、英国，1896 年传至巴西，1897 年传至捷克，1898 年传至菲律宾，1901 年传至日本和伊朗。1904 年，在第三届奥运会上第一次举行了篮球表演赛。1905 年传至俄国，之后又传到南美、东欧、中东等一些国家和地区。篮球运动陆续在世界各国开展起来。

篮球运动被传入这些国家后，经过多年的演变和发展，并结合各国人种特点和社会、经济、文化背景形成了三大流派。

篮球运动的流派是指现代篮球运动在其发展过程中，由于在风格打法上，技术、战术特点和战术指导思想等方面，相近或相似的球队所形成的一种共同倾向。流派与风格有着密切的联系，流派寓于风格之中。不同流派的球队互相竞争、互相促进，不断地推动着现代篮球运动技术、战术的快速发展和提高，使篮球运动具有更高的观赏价值。

当今世界篮球运动主要可分三大流派，即美洲流派、欧洲流派和亚洲流派。

第一节　美洲流派

从欣赏球艺的角度来看，美洲流派最引人入胜，其典型代表是美国队、巴西队，特别是黑人运动员，有着超人的身体素质，奔跑速度快，爆发力强，弹跳力量惊人，在激烈的对抗中，经常表演高空补篮、扣篮和盖帽等高难动作。他们技术全面熟练，战术快速灵活，攻防并重，地面争夺与高空争夺兼备，全场紧迫防守，攻击性强。运动员的智力、心理、身体、技术和战术达到高度统一。

在美国，有职业篮球队和业余队之分。最早的职业篮球组织成立于 1898 年，但直到 1926 年才有正式职业篮球联赛。职业队的队员大多是美国各大学的球星。这些优秀的球星每年不断地被吸纳到各职业队的行列，从而使职业队的比赛水平大大高于业余队的水平。美国于 1934 年成立美国篮球协会。从 1936 年男子篮球成为奥运会正式比赛项目以来，美国队一直名列前茅。

篮球运动被发明后，最先传入加拿大。不论是球员的身体条件还是技战术打法，加拿大篮球都与美国篮球相似，但并不能与美国篮球一争高下。加拿大男篮只在 1936 年奥运男篮比赛中曾夺得第二名，此后便销声匿迹了。

在早期美洲，与美国队实力接近的只有巴西队。巴西男篮有着辉煌的战绩史，分别在 1954 年、1963 年两次登上世锦赛宝座，两次获得世锦赛亚军，1948—1964 年间三次夺得奥运会第三名，且始终保持着世界前四名的实力。

巴西队的主要特点是技术全面，战术灵活，讲究攻守速度，特别注意准确性。该队从本国的实际情况出发，根据运动员的具体条件和特点提出“快速、灵活、全面、准确”的技术、战术发展方向。他们独具特色的“喷气式速度、高超的技巧和惊人的弹跳力”，早已享誉世界篮坛。由于他们掌握了如此不同凡响的技艺，身高平平的巴西球员却常常给“巨人”们以极大威胁。自第八届世界锦标赛以来，在多次世界大赛中该队先后战胜过“巨人”如林的美国队、南斯拉夫队、意大利队和加拿大队。即使数度与以高、大著称的苏联队交锋，输分也多在 10 分以下，有时还难分伯仲。

第二节　欧洲流派

欧洲流派的明显特点是“大型化”，如俄罗斯、克罗地亚、意大利等许多欧洲强队，不仅中锋身高体壮，连前锋也由身体高大的队员来担任。因此，他们强调集体性、有效性和顽强性，队员技术全面扎实，以高制胜是他们的战略指导思想。

苏联男篮队员因身材高大而被誉为“重型坦克”，身高2.20米以上的高大中锋先后有扬·克鲁明、阿赫塔耶夫和萨博尼斯。他们在打法上的特点是：伺机进行快攻；阵地进攻强调五人的整体配合；防守主要采取联防，控制面积可达7平方米。苏联队也是早期欧洲打法的代表。

在第十五届奥运会上，与美国队抗衡争夺篮球比赛金牌的就是首次参加奥运会的苏联队，这标志着美、苏在世界篮坛争霸格局的开始。而这场冠亚军争夺赛大概也是篮球史上一场最没有意思的比赛，不仅因为双方的比分低得可怜，而且两队所采取的战术更令人扫兴。苏联队在决赛时，以冻结战术来对付美国。在比赛中，苏联队以稳扎稳打、步步为营的战术紧逼美国队，不断粘缠美国队员，让美国队员难以出手投篮，使得双方得分都很低，拉不开差距。由于当时没有“30秒违例”和“球回后场违例”的规则，而美国队水平较高，他们干脆采取来回传球耗时间的打法：在领先的情况下打控制球，只传球不投篮，来回传球耗时间。最终，美国队以36比25赢得此次比赛。

此后，其他各队亦纷纷效仿这种打法，从而破坏了篮球运动快速激烈的特点，使得篮球比赛变成了无味的运动。1956年，国际篮联增添了30秒规则，以限制这种“老爷球”的打法。自此，慢吞吞的“老爷球”打法终于在篮球历史上消失了。

1939年以前,波罗的海沿岸国家的篮球技术水平都较高,其中立陶宛的实力最强。立陶宛运动员的身体素质明显高于其他欧洲国家,该队还派出许多学生到美国深造篮球技术。直到1947年,苏联队首次亮相欧洲锦标赛,才打破了欧洲冠军被东欧国家垄断的局面。

据国外史料记载:直至20世纪50年代,南斯拉夫的篮球运动仍处于低水平,全国尚未组建统一的国家队,但是到1970年第一次登上世界锦标赛冠军宝座,总共只不过用了13年的时间。

南斯拉夫男篮自20世纪70年代以来,在奥运会、世界锦标赛和欧洲锦标赛等各种国际重大比赛中创造过举世瞩目的成绩。该队是第六届、第八届世界锦标赛和第二十二届奥运会冠军,曾夺得第十九届和第二十一届奥运会银牌,以及多次欧洲锦标赛的金牌,至今仍然保持着在各类世界大赛中前三名的强大实力。在第十届世界男篮锦标赛上,南队虽然主将换人,力量有所减弱,但同苏联队一战,仍打出了离终场只有57秒钟还领先9分的出色水平。最后虽然大意"失荆州",以1分之差败下阵来,但仍不失为当时惟一对苏、美两强构成真正威胁的佼佼者。1963—1988年间南斯拉夫男篮的快速崛起,使世界篮坛形成了美、苏、南三足鼎立的局面。

第三节 亚洲流派

亚洲流派以中国和韩国为典型代表,具有自己的鲜明特色。由于队员身材大多不高,因此需要队员技术既全面又各有特长。中远距离投篮准历来是亚洲队追求的方向。快速灵活,进攻强于防守,以快、准、灵制胜是他们的战术指导思想。

在亚洲可以与中国队抗衡的只有韩国队。1974年的第七届亚运会是中国篮球队第一次参加亚洲大赛,获得了第三名(韩国获得亚军),从此就开始了长达30年的中韩争霸。可以说亚洲的篮球史从1974年起就进入了新的历史时期,中国和韩国共同演奏了30年的亚洲篮球命运交响曲。

从1975年开始,中国男篮连续五次(1975、1977、1979、1981、1983)获得亚锦赛冠军。当时的韩国队实力逊色于中国,和日本队不相上下。但是他们的突分、急停中投及小个打大个的打法,令中国队非常头疼,每次交手都竞争激烈,中国队即使赢了也只有几分的差距。

1982年在印度举行的亚运会决赛上,中国队以一分之差败给了韩国队,屈居亚军。那场比赛韩国队的功臣是李忠熙和李珉铉这两个投手,尤其是李忠熙。这位连睡觉都想着投篮的韩国人身高虽然只有1.82米,但他却是整个20世纪80年代亚洲的最佳投手。他的投篮不需要调整,全都是在运动中完成的,更难以置信的是,他投篮时几乎不用瞄准,完全凭感觉。他开创了亚洲神投手的新里程碑,之后的韩国投手或多或少都受到他的影响。1985年,中国和韩国的篮球队都经历了大换血。1985年的亚锦赛,中国队在半决赛中败给了韩国队。从1974年到2006年这30多年间,中韩两国实力的差距并不大。中国队具备内线能力和大个球员身体上的优势,而韩国队具有外线能力和小个球员技术上的优势。单从技战术角度来看,韩国队强于中国队,但领先并不多。

第四章　篮球的基本技术

篮球技术是篮球比赛中运动员为了进攻与防守所采用的专门动作方法的总称。它包括移动技术（跑、跳、急停、转身等无球的动作方法）、控制支配球动作（传接球、运球、投篮等有球的动作方法）和争夺球动作（抢球、打球、抢篮板球等动作方法）以及由这些动作组成的组合动作体系。

篮球技术是进行篮球比赛的基本手段，双方运动员都以技术动作进行对抗。篮球技术在初创和传播时期，仅有传接球、运球、投篮、争球几类动作，方法少而简单。经过约半个世纪的实践与完善，篮球技术已形成了进攻技术和防守技术两大类，各大类各自有多类动作，各类动作的方法已由少变多，并建立了一个比较完整的篮球技术动作体系。20 世纪 50 年代，队员高度与技术的同步发展对进攻技术的发展推动较大，跳投、持球突破等技术普遍运用，中锋技术迅速提高，篮下对抗更趋激烈，以攻为主甚为流行，篮球技术发展到一个新的阶段。

防守观念的更新促进了防守技术的发展，在人、球、篮之间的位置关系和防守移动步法上及抢、打、断、盖等技术的运用方面也有了新的突破。90 年代，国际篮联关于允许职业篮球运动员参加世界大赛的决议，对篮球技术的进一步交流与发展也起着积极的推动作用。综上所述，篮球技术的发展，经历了一个从低级向高级发展的过程，呈现出连续性与阶段性的特点，始终不断地向更高水平发展。

篮球技术分类如图 4-1 所示。

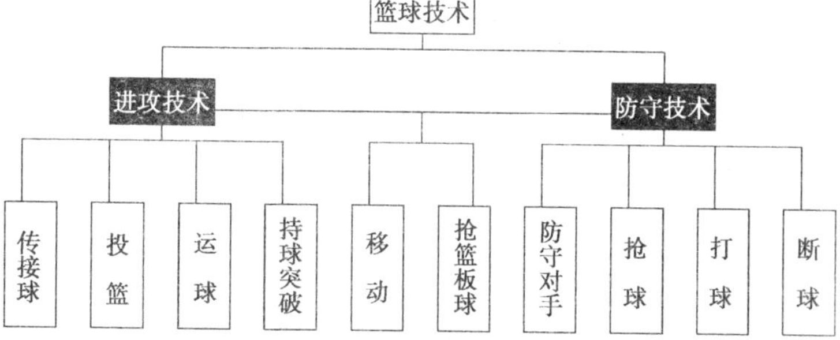

图 4-1　篮球技术分类

第一节　传、接球技术

要想打好篮球,你必须学会如何传球、接球。一旦球队掌握球权,通过安全传球以保持对球的控制就显得至关重要。在场上将球推进的最快方式就是传球,所以有机会应选择传球。传球有几种不同的方式,要根据队友及对方球员的位置和移动,以及场上的具体情况来决定传球的方式。

一、传　球

(一) 双手胸前传球

双手胸前传球是比赛中最基本、最常用的传球方法,用这种方法传出的球迅速有力。可在不同方向、不同距离的情况下使用,而且便于和投篮、突破等动作结合运用。

动作要领(图 4-2):两手手指自然分开,两拇指相对成“八”字形,用指根以上的部位持球,手心空出。两肘自然弯曲于体侧,将球置于胸腹之间的位置,身体成基本站立姿势。传球时,前臂在后脚蹬地、身体重心前移的同时迅速向传球方向伸出，拇指用力下压，手腕前屈，食指、中指用力拨球将球传出。球出手后将身体迅速调整成基本站立姿势。传球距离近时，前臂伸的幅度要小。远距离的传球则需要加大蹬地、伸臂和腰腹等部位的全身协调用力。传球距离越远，蹬地、伸臂的动作幅度应越大。

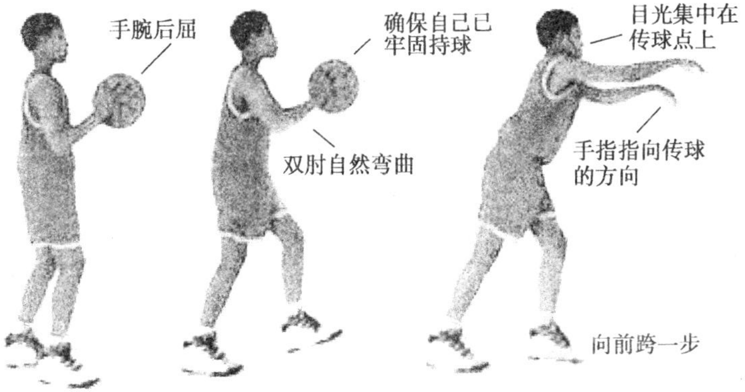

图 4-2 双手胸前传球

(二) 头上传球

如果你被对手紧紧盯住，最好采用头上传球的方式，特别是在对手比你矮的情况下。

动作要领(图 4-3)：

(1) 使用双手持球，球应该高过自己的前额，目光集中在自己所要传的点上，传球时应将球举过头顶；双手朝向传球的方向；应意识到对手可能会跳起封盖传球。

(2) 通过抖动指腕将球传出，这样球就可以呈直线传到队友手中。

图 4-3　头上传球

（三）反弹传球

如果你被一高大对手紧盯或者对手已高举双手欲进行封盖，在这种情况下，要寻找出胸前传球或头上传球的路线是十分困难的，最好的传球方式只能是反弹传球。

动作要领（图 4-4）：

（1）当你看到接球者示意你反弹传球时，应立即屈膝，将球向他传去。对球的落点一定要清楚，应该使球在你和接球队员之间三分之二处落地反弹。有时会碰到地滚球，这种球滑地而过，速度较快。

（2）如果你是接球者，应示意接球的位置，时刻注意对手的移动。反弹传球比其他传球方式速度慢，所以较容易被对手抢断。如果你希望得球，而且已看出对手处有一条传球路线，就应将双手向前下方伸出，以示意队友反弹传球。

图 4-4 反弹传球

二、接 球

(一) 接球基本动作

接球有双手接球和单手接球两种。不论哪种接球,接球时眼睛要注视球,肩臂都要放松,手臂要迎球伸直,五指自然分开。当手指触及球时,手指手腕迅速握球,肘关节快速回收,臂后引,以缓冲来球的力量,并两手握球于胸前,保持基本站立姿势。

(二) 摆脱接球

当你想要接球却被对手紧紧盯住时,必须至少有一瞬间摆脱了防守队员。为达到这一目的,你可以靠近对手,然后迅速改变移动方向,弹出去接球。现举例如下:(图 4-5)

(1) 传球者正在观察周围队友的移动。4 号是潜在的接球队员,正被对手紧紧盯住。他朝对手的两脚之间插步,然后迅速弹出远离对手。

(2) 迅速改变方向后,4 号队员已使其对手处于无法堵截传球的位置。4 号在摆脱防守的情况下伸出双手,示意传球。接球队员示意传球时,一定要时刻注意球的位置,向传球者示意传球的部位。

（3）接球队员在移动中双手接球。接球后，应转身面对球篮准备投篮、运球或是传球。

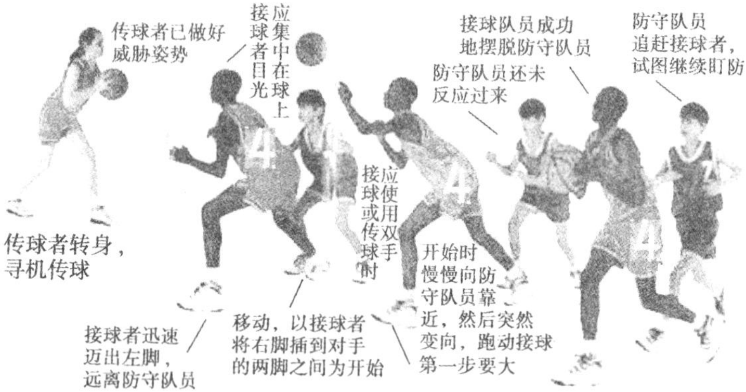

图 4-5　摆脱接球

（三）跳步急停接球

跳步急停时双脚同时着地，而身体处在空中即已持球。这种急停方式的优点在于：可以任选一只脚作为中枢脚。

动作要领(图 4-6)：

（1）空中得球。落地时，确保双脚同时落地。

（2）正确落地后，可以任一只脚为中枢脚。请记住：一旦你以一脚为中枢脚转身，就不可以再以另一只脚作为中枢脚转身了。

图 4-6　跳步急停接球

（四）跨步急停接球

在空中接球时，规则规定只能跨两步以进行合法急停，这被称为“两步节拍”。当你在快速移动中接球或在快速运球结束时，可以使用跨步急停的方法。

动作要领(图 4-7)：

(1) 空中将球接住,在身体继续前移时,一脚先着地,成为中枢脚。这就是“两步节拍”中的第一拍。

(2) 当另一只脚向前移动时,中枢脚稳稳支撑住身体。

(3) 另一只脚落地时,即完成第二拍。双脚平稳着地取得良好的平衡位置,一只脚在前,另一只脚在后。

图 4-7　跨步急停接球

第二节　投篮技术

投篮是进攻队员为将球投进篮而采用的各种专门动作的总称。投篮是篮球运动的主要进攻技术,是惟一的得分手段。比赛中进攻队员运用其他各种进攻技术、战术,都是为了创造更多、更好的进攻机会,力求投中得分。投篮得分的多少决定着一场比赛的胜负,因此,掌握好投篮技术并不断地提高投篮命中率,对于在比赛中取胜具有十分重要的意义。

现今单手原地投篮主要用于罚球或试图发动 3 分投篮。尽管用得不太多,却是当今最流行的跳投的基础,也是某些上篮的基础。

一、原地投篮

原地投篮的动作要领如图 4-8 所示。

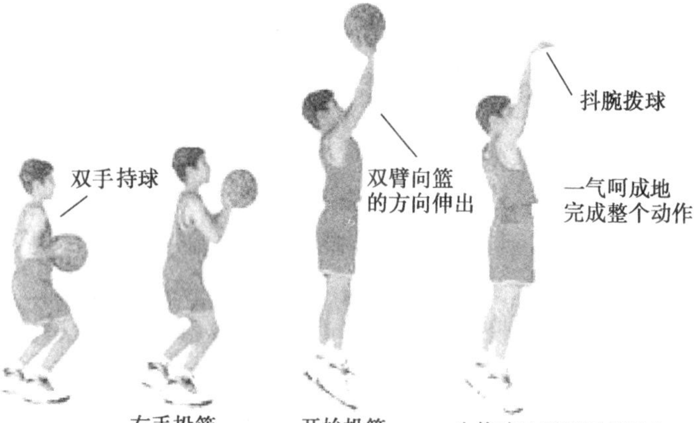

图 4-8　原地投篮

1. 站位

不管是罚球还是跳投，站位都尤为重要。如果右手投篮，右脚应直接指向篮圈中央。罚球情况下，应把右脚放在罚球线中点，稍前于左脚。最重要的是感觉自己站位舒适。请记住：要培养的是稳定性，而这来源于习惯，来源于感觉舒适和自然。

2. 持球

持球要小心，用手指和掌根触球，手掌心不得触球。在球与手之间应有空隙，这样才能感觉柔和。用指端控制住球，持球不要太紧。

3. 瞄篮

投篮时瞄篮点在哪里？最好是篮圈的后沿部分。许多教练教队员瞄篮圈前缘一点，如果是这样的话，你就得比瞄篮点投得更远些。

4. 屈膝与出手

罚球时稍微屈膝即可。像其他投篮方式一样,膝关节必须保持稳定与一致。基本前提就是:投篮越简单,动作就越小,获得一致的稳定出手的机会就越好。出手要柔和、流畅,不要猛然用力,否则会使球离手太快,这样命中率就下降。要使球柔和入网,球应从指端出手,自然离开手指。如果球触及手掌,就不能柔和地触及篮圈。

5. 弧线

如果弧度不够的话,会使球不能柔和地触及篮圈。罚球时弧线的最高点应高于篮圈 3 ~4 英尺(约 1 米)。离篮筐越远,弧线最高点相应就越高。

6. 眼睛注视(球出手后)

你的眼睛是否会跟随球的飞行曲线?这是一个普遍会存在的问题。不要把眼睛集中于球的飞行——投手注视球飞行就容易在球出手前偏离目标,这样会影响命中率。

7. 球的旋转

和弧度一样,球的旋转取决于球离篮圈的距离。如果没有适当的后旋,就会使球碰及篮圈后向外而不落入球网内。

8. 自信心

适合的练习带来成功,从而给人自信,使你深信练习的效果,并继续练习。这是一个良好的循环。大多数优秀的投手投前能做到心中有数,有的放矢,带着自信心站在罚球线前。

二、跳　投

目前,跳起单手投篮已成为篮球运动员普遍采用的主要得分手段,可以在不同距离、各种角度下运用,方法多样,随机应变,实战价值极高。

动作要领(图 4-9)：双手持球于胸腹之间，两脚左右开立，两膝微屈，身体重心落在两脚间，上身放松，眼睛注视篮圈。起跳时两膝适当弯曲，接着用脚掌蹬地发力，提腹伸腰，向上迅速摆臂举球并起跳，双手举球于肩上或头上，左手扶球左侧。当身体升至最高点或接近最高点时，左手离球，右臂向前上方伸直，同时用突发性力量屈腕、压指，使球通过指端投出。球离手后身体自然落地，屈膝缓冲，准备冲抢篮板球或回防。

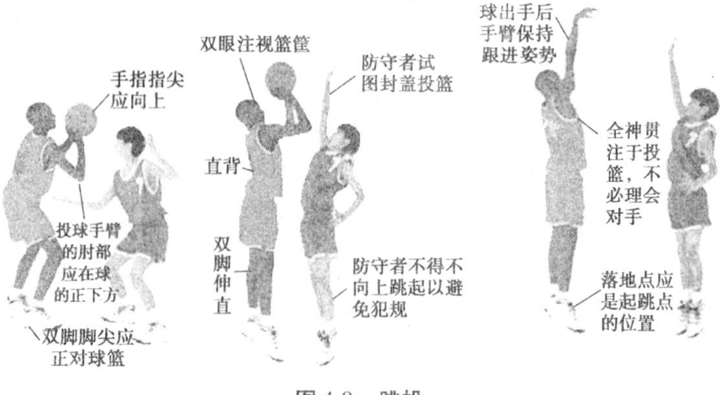

图 4-9　跳投

三、后仰跳投

持球者用右手运球，从右路突破(当然先做个假动作更好)，防守队员一定在你的左侧跟着你跑，当球运到自己的射程范围之内(离篮筐越近，命中率越高)时，突然向左侧靠一下防守队员，使他以为你向左侧突破，这个动作也为你后仰跳投创造了运动空间。这时，突然收回，做出一个左脚在前、右脚在后的姿势(注意：这时就要做好跳投的一切准备了)。此时，你面对篮筐，但要使篮筐和你的两个肩头在一条直线上，然后逆时针旋转跳起。在上升过程中,如果你的上肢保持正确的投篮姿势,你的右腿就会自然向前摆出。这时你就可以用旋转时带来的惯性与手臂力量轻松投篮了。

后仰跳投中你也许还会遇到很多问题,比如球投出去不旋转、后仰过度而失去平衡等等。解决的关键是要量力而行。如果你觉得不舒适,那就跳起时身体旋转得慢一些或后仰角度小一些,等熟练后再快一点。只要多练习,相信你能很好地掌握这项技术。

四、跑动上篮

篮球比赛中,得分多的一方将成为胜者,而球员只能通过把球投入篮筐才能达到得分的目的。每一位队员均可投篮得分,因此投篮技术是至关重要的。篮球技术中有多种不同的投篮方式,如果你想成为球队中的主要得分手,就需要掌握几种不同的投篮技术。应根据你所处的具体比赛情况来判断采用哪种技术。如果你站立持球,并处在自己的投篮攻击区,可以采用原地投篮或跳起投篮。如果能够运球至篮下,就采用跑动上篮的技术。

移动中接到传球或者是向篮下运球时,可以运用上篮的技术。图 4-10 是一组连续显示球员如何跑动上篮的照片。该球员是以右手运球、从右侧上篮的。

上篮动作要领:

(1) 当你在上篮范围之内时,双手持球,与此同时,双脚跃起腾空。向前摆动,右脚着地。持球准备投篮时,请不要用双手的手掌接触球,只能用手指持球。

(2) 左脚前摆着地时,抬头盯住篮筐。请记住持球时,规则只允许跨两步。

(3) 左脚是你朝向篮筐起跳的支撑脚。你应将球从身前向上举起以开始投篮。

(4) 右膝上抬,以获得更长的腾空时间。投球手持球的后侧偏下一点位置,另一只手扶在球的一侧。

(5) 球即将出手时,应尽量伸直身体,将球托至最高点。篮板

图 4-10 跑动上篮

上标有一个小长方形,瞄准该长方形中距你最近的上角出球。如果你命中该点,球就会被弹入篮筐。

(6) 柔和地引球至瞄篮点,球便会轻轻落入球篮。如果你是初学者,可以与篮板成 45 度角上篮。这样你就可以看到篮筐与篮板之间有一道缝隙,通过这条缝,你可以较容易地将球瞄向篮板。随着技术的不断提高,应变换其他角度上篮。

篮球知识

☆ NBA 场地

NBA 的球场尺寸是长 94 英尺(28.65 米),宽 50 英尺(15.24 米)。球场尺寸的丈量是从界线的内沿量起,线宽为 2 英寸(5.08 厘米)。球场两端标有长方形的罚球区,长 19 英尺(5.79 米),宽 16 英尺(4.88 米)。球场两端标有 3 分投篮线。

第三节　运球技术

作为一名篮球运动员，运球是你必学的一项基本技术。通过拍球使球在地板上弹起进行运球可使你带球移动到球场上的其他任意位置。如果你想成为一名优秀的球员，就得学会把握何时需要运球、何时不需要运球。并不是每次得球都必须运球，因为运球有时可能影响球队的整体作战计划。运球一般用于以下情况：守转攻时运球推进；运球至最佳位置投篮；避开防守队员寻找传球角度。

一、基本运球方法

运球时应使用手腕和手指控制球。尽管你可以任意换手，但运球时只许单手触球。应使用你的前臂、手腕和手指将球用力推向地面。要学会控制篮球弹起的高度和速度。练习时，从胸部到低于膝盖，不断变化球的高度。还应学会在移动中运球，同时不断换手及改变方向（图4-11）。

（1）运球的手形。应在远离对手的一侧运球，以保护球。运球时五指自然分开，尽可能多地接触球。除改变运球方向时外，你的手在运球时应始终接触球的顶部。

（2）当从站立姿势开始运球时，中枢脚离地前必须使球先落地。运球时用手指感觉球，尽量避免掌心触球。

（3）手腕带动手指流畅地拍按球。注意不要猛力拍打球，手腕和手指必须十分灵活。

（4）当球弹起时，张开手指以感觉来球。开始时应练习原地运球，这样可以训练球感。

(5) 测试一下,看你可否在不注视球的情况下运球。做到这一点是必要的,这样做可以使你在运球的同时观察其他球员的位置。

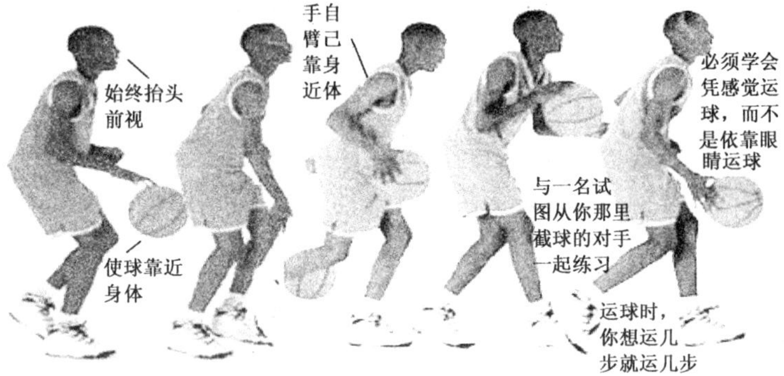

图 4-11　基本运球方法

二、背后运球

背后运球是一项更高的技术,需要大量的训练。背后运球时应将球控制在身体的外侧,然后置于身后,按拍球的后上方,使球反弹到自己的另一只手上(图 4-12)。练习的目的是能在移动中完成这种运球动作。

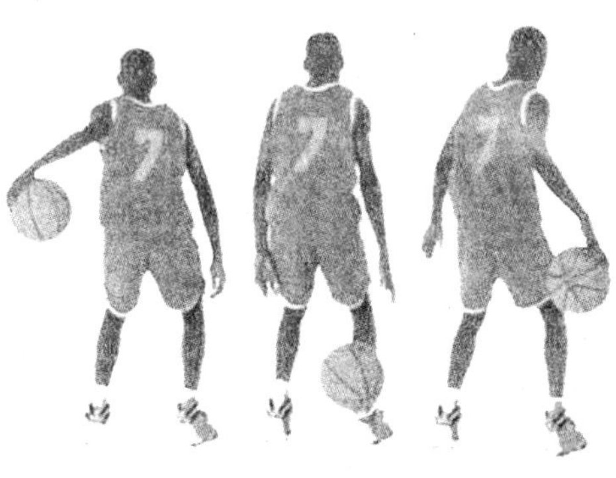

图 4-12　背后运球

三、转身运球

当你想攻击挡住你去路的对手时，可使用转身运球。运用这种技术时，应迅速改变方向，运球中换手，背对防守者，向另一方向运球（图 4-13）。

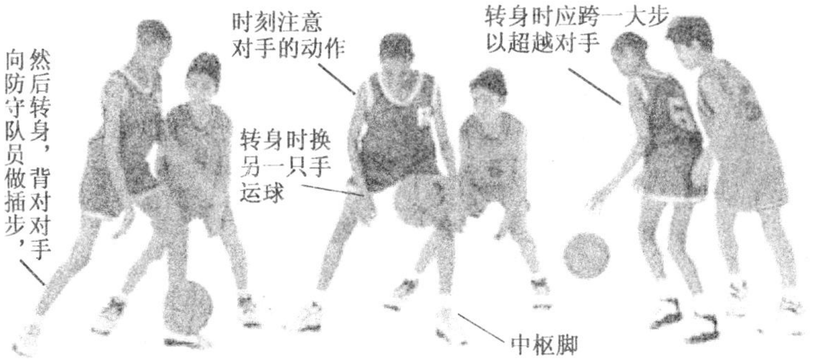

图 4-13　转身运球

（1）当你右手运球时，如果防守队员已挡住去路，可做背对防守者的同时，换左手运球。

（2）左手一触球，左脚碾地并快速转身中迈向右侧。这样，你就做到了背对防守者。

（3）用左手继续运球向篮圈方向移动，将对手抛在身后。

四、运球突破

突破是持球队员运用脚步动作和运球技术超越对手的一项攻击性很强的技术。比赛中，掌握好突破时机，合理地运用突破技术，既能直接切入篮下得分，又能打乱对方的防守部署，创造更多的攻击机会，增加对手犯规的概率。如果能把突破与中投、分球结合运用，进攻就更加机动灵活，效果也更为显著。

（一）运球突破基本动作

当你得球后被人紧盯时，可试着做假动作后运球突破。假动作就是指假装要做一个动作，在对手对此做出反应后，再做其他动作。例如，你可以假装投球，随后运球上篮。运球突破指的是向篮圈方向的攻击性运球。

（1）当你接到球后应站立，以保持平衡。篮球基本站姿为双脚分开，与肩同宽，屈膝，髋部稍放松，直背，两眼平视，使体重均匀分散于两脚上（图 4-14a）。

（2）朝某一方向跨上一步，好像你想运球摆脱对手。注意这步要迈得小，而且必须确保球在你的控制之中。对手可能会封堵你做了手脚的这一方向（图 4-14b）。

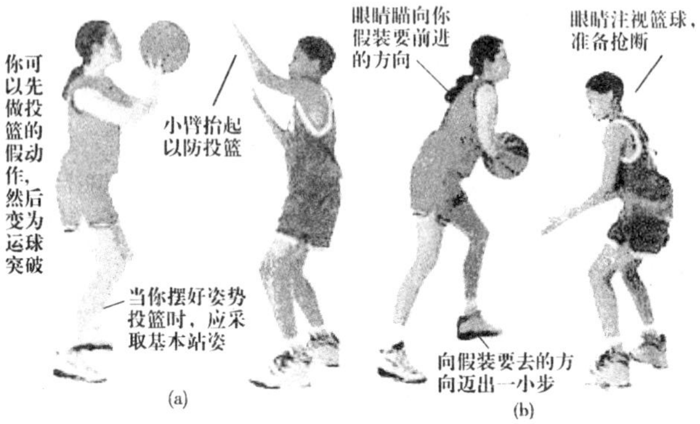

图 4-14　运球突破

（3）当你的对手向其右侧移动时，做假动作跨步的那只脚跨向其身体左侧。这一步应当是一大步。跨步的同时开始运球，确保贴近并擦过对手，向篮下运球（图 4-14c）。

（4）选择与篮圈呈直线的路线继续运球。请记住，此时其他对手有可能会协防，所以运球时应注意抬头，以便于看见篮圈和其他球员的移动（图 4-14d）。

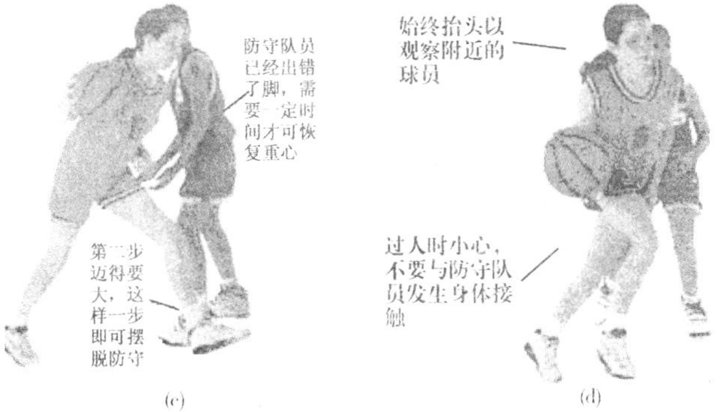

图 4-14　运球突破

(二) 交叉步突破

1. 动作方法

以右脚做中枢脚为例。两脚左右开立，两膝微屈，身体重心降低，持球于胸腹之间。突破时，左脚前脚掌内侧迅速蹬地，身体稍右转，左肩向前下压，重心向右前方移动，左脚向右侧前方跨出，将球引向右侧，接着运球，中枢脚蹬地向前跨出，迅速超越防守。

2. 动作要点

蹬跨积极，转探肩保护球。

(三) 顺步突破

1. 动作方法

准备姿势和突破前的动作要求与交叉步相同。突破时，右脚向右前方跨出一步，向右转体探肩，重心前移，右手运球，左脚前脚掌迅速蹬地，向右前方跨出，突破防守。

2. 动作要点

蹬跨积极，转探肩保护球，第二只脚迅速蹬地。

(四) 后转身突破

1. 动作方法

以左脚做中枢脚为例。背向球篮站立，两脚平行开立，两膝弯曲，重心降低，两手持球于腹前。突破时以左脚为轴转身，右脚向右侧后方跨步，上体右转，脚尖指向侧后方，右手向右脚前方放球，左脚前脚掌内侧迅速蹬地，向球篮方向跨出，运球突破防守。

2. 动作要点

要控制重心，保持身体平稳。右脚向右侧后方跨出时的脚尖方向要正确，左脚前脚掌内侧蹬地积极有力。

（五）前转身突破

1. 动作方法

以左脚做中枢脚为例。突破前的准备动作与后转身突破的准备动作相同。突破时重心移至左脚上，右脚前脚掌内侧蹬地，以左脚为轴，右脚随着前转身而向球篮方向跨出，左肩向球篮方向压，右手运球后左脚蹬地，向前跨出，突破对手。

2. 动作要点

转移重心，蹬地运球动作连贯。

总之，无论采取哪种运球突破方式，都要注意突破前的假动作，以创造更好的突破时机。

篮球知识

☆ NBA 走进中国

NBA 与中国篮坛的关系最早始于 1979 年，当时韦斯·昂塞尔德（Wes Unseld）及 NBA 总冠军球队华盛顿子弹队远赴中国，与中国国家篮球队进行了两场表演赛。自从 3 名中国球员加入 NBA 后，NBA 赛事就通过 14 家国内电视台在全国播放，而 NBA 亦多次在中国举办球迷活动。NBA 中国赛于 2004 年 10 月 14 日和 10 月 17 日分别在拥有 11333 个座位的上海体育馆和拥有 17903 个座位的北京首都体育馆举行。两所场馆均在赛前进行了重新修缮。

第四节　抢篮板球技术

为了提高抢篮板球的能力，必须在限制区内抢占有利位置。抢占位置时应快速移动到对手与篮板之间的某一位置上，这被称为挡人抢篮板球。无论你的球队是进攻还是防守，你都应努力将对手挡在外面，保持有利位置，并从该位置起跳抢夺篮板球。

封挡对手：当你封挡对手时，你的目的是在对手和篮板之间充当一个障碍物。在封挡对手或跳起争抢篮板球时，允许有一定的身体接触，但不可以推挤或用肘撞对手，否则，就会被判为犯规。

进攻队员有可能会挤过运球，所以要准备做相应的移动。防守者应尽量不去注意球，而将注意力始终集中在对手身上。因为对手可能趁你注意球时挤进，争抢篮板球，而攻击者的目光应始终集中在球上。

(1) 当你处于防守位置时，应面对对手，将注意力集中在他的移动上。球一经投出，向其移动路线插一步，并转身使自己背对对手(图4-15)。

图4-15　抢篮板球

(2) 一旦将对手挡在背后，就应将全部注意力集中在球上。一旦判断出球的落点，就立即起跳争抢篮板球。为了跳得更高，需要摆动双臂和双手来辅助起跳，然后用双手抢球。

掌握起跳时间：学会掌握起跳的时间是很重要的。必须等球离开篮圈或篮板之后，方可起跳。

犯规动作：不要用身体或手推挤对手，这属于犯规动作。

防守队员抢到篮板球后，应尽快把球转移出限制区，最好将球传给边线附近的队友。进攻队员抢到篮板球后，如果本队处于进攻地位，就应努力争抢到封挡位置。争到球后，立即再次起跳，投篮。

篮球知识

☆ NBA 历史纪录

● 单场出手:48 次(里克·巴里,1967 年)

● 单场上场时间:62 分钟(凯文·约翰逊,1993 年)

● 单场 3 分球和连续命中纪录:是科比在 2003 年 1 月对超音速时创下的。当时他全场投中 12 个 3 分球，打破了之前由斯科特保持的 11 个的纪录。本场他还以连续投中 9 个 3 分球，打破了霍纳塞克连续投中 8 个 3 分球的纪录。

● 单场盖帽: 17 次(艾尔摩·史密斯,1973 年)

● 单场抢断: 11 次(肯农,1976 年;吉尔,1999 年)

● 季后赛单场得分: 63 分(乔丹,1986 年)

● 季后赛单场篮板: 41 个(张伯伦,1967 年)

● 季后赛单场盖帽: 10 次(马克·伊顿,1985 年)

● 季后赛单场抢断: 10 次(艾弗森,1999 年)

● 总决赛单场得分: 61 分(贝勒,1962 年)

● 总决赛单场篮板: 40 个(拉塞尔,1960 年)

● 总决赛单场助攻: 21 次("魔术师"约翰逊,1984 年)

● 总决赛单场盖帽: 8 次(比尔·沃顿,1977 年)

● 总决赛单场抢断: 7 次(霍里,1995 年)

第五节 防守技术

防守技术是保证篮球战术质量和竞赛胜利的基础。防守时，球员不仅要选择合理的防守位置，而且要保持正确的防守姿势（包括手臂、身体动作与步法），做到“人、球、篮、区”四位一体；力争在严密控制好自己的防守对象之外，还能及时协防与补防，伺机进行抢球、打球、断球，以转入快速进攻。

防守技术是指队员在防守时，为了阻挠和破坏对手的进攻，达到夺球反攻的目的所采取的各种专门动作方法的总称。防守技术分类如图 4-16 所示。

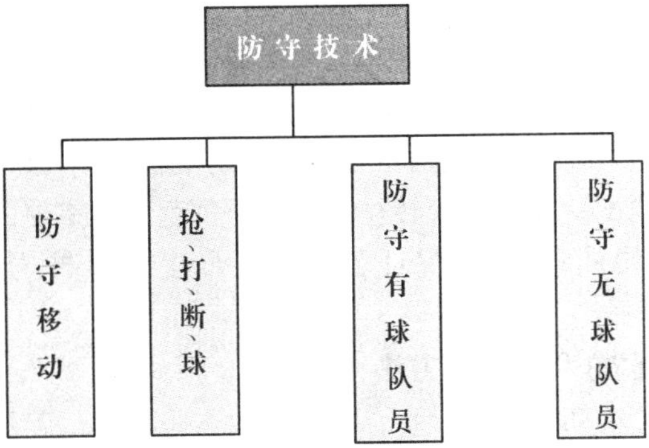

图 4-16 防守技术分类

一、防守移动

防守移动是篮球防守技术的基础。运用此技术的目的是抢占有利的位置，以防止对手摆脱；或者是及时、果断地进行抢球、打球、断球及抢篮板球等。

（一）防守移动技术分析

防守移动技术的动作主要包括以踝、膝、髋、腰为轴的各种运动动作。防守移动技术由以下三个环节构成。

1. 准备姿势

任何步法的防守移动都要保持屈膝、弯腰、降低重心的基本姿势，以便于及时移动，在移动中保持身体的稳定性和易变性，从而完成各种防守技术动作。

2. 控制身体重心

各种防守步法都是通过前脚掌用力蹬、碾地面或是用脚着地时的抵地制动动作来实现的。因此，腿部必须保持一定的弯曲，以便控制好身体重心，保持身体平衡，顺利完成移动技术动作的衔接和交换。

3. 身体各部位的协调配合

各种防守步法的主要动力虽然是靠脚对地面的作用力和地面的反作用力来实现的，但同时必须有身体其他部位协调用力的配合来加强这种作用力，特别是腰胯用力的配合，它对推动身体上部使动作协调配合及调整或转移身体重心都起着很重要的作用。并且，上肢应协同动作，以保证各种防守步法的协调、快速和取得实效。

（二）防守移动动作方法

防守移动动作包括滑步、后撤步、攻击步、绕步、碎步等方法。

1. 滑步

滑步是防守移动的一种主要方法，常用来阻截对方的移动路线，调整自己的防守位置。滑步分为侧滑步、前滑步和后滑步三种。

（1）动作方法：两脚平行站立，两膝弯曲，上体稍前倾，两臂侧伸。向左滑步时，右脚前脚掌内侧蹬地，左脚向左跨出，在落地的同时，右脚迅即滑动，向左脚靠近，两脚保持一定的距离。在滑步时要保持屈膝、低重心的姿势，身体不要上下起伏，重心保持在两脚之间，眼睛注视对手。

（2）动作要点：蹬跨协调，身体平稳，两臂伸展。

2. 后撤步

后撤步是变前脚为后脚的一种防守移动方法。

（1）动作方法：当进攻队员从自己前脚外侧持球突破或摆脱防守时，为了保持有利的防守位置，常用后撤步，并与滑步、跑动等结合运用。后撤步时，用前脚掌内侧蹬地，腰部用力向后转动，同时后脚的前脚掌碾地，后撤前脚，紧接滑步，保持防守姿势和位置。后撤角度不宜过大，动作要迅速，身体不要起伏。

（2）动作要点：前脚蹬地后撤要快，后脚碾地扭腰转髋要猛。

3. 攻击步

攻击步是防守队员突然向前跃出，进行抢、打、断球的一种防守移动方法。

（1）动作方法：做攻击步时，后脚要猛力蹬地，前脚迅速向前跨出，逼近对手。落地时重心偏在前脚上，前脚同侧手前伸做干扰和抢截性防守动作。

（2）动作要点：蹬跨突然，落地平稳。

4. 绕步

绕步是用以抢占有利防守位置，阻挠、紧盯对手，破坏中锋接球的一种防守移动方法。绕步分为绕前步和绕后步两种。

（1）动作方法：有前绕步和后绕步两种。左前绕步时（以右侧绕前防守为例），右脚向右斜前方跨出半步，左脚迅速蹬地绕过对手向侧方跨出或越出。腰、胯用力，手臂做出相应的阻扰、伸展、摆动动作。

（2）动作要点：腰、胯用力，跨绕迅速，两臂协同配合。

5. 碎步

碎步是一种能保持较大的防守面积和具有机动性的防守移动

方法,多用于外线平步防守时。

(1) 动作方法:碎步移动时,两脚平行开立,两膝保持弯屈,不停地以脚前掌蹬地,用小而快的步法向左、右、前、后移动,如同滑跳一样,以阻挠进攻队员行动。如向右滑时,右脚借助蹬地力量向右滑动半步,左脚紧跟右脚向右滑动半步,保持平步防守。

(2) 动作要点:移动步幅短小,衔接轻快,屈膝蹬移时重心要平稳。

二、抢、打、断球

现代篮球运动已由防守向攻击性方向发展。其防守技术发展的特点,体现在对持球人的防守上,即紧逼持球人,防切、防投并重,富有攻击性地破坏持球人所有的进攻动作(投、切、传、运)。

抢球、打球、断球是攻击性很强的防守技术,它是积极性防守战术的基础。

防守时,不仅要干扰和阻挠对方传球、运球和投篮,还要力争在对方投篮之前,从对方手中把球抢过来转守为攻。大胆、果断、准确地运用抢球、打球和断球技术,不仅可以破坏对方的进攻,而且可以鼓舞本队的士气,为反击快攻创造有利的战机。

(一) 抢、打、断球技术分析

抢球、打球、断球由准确的判断、快速的移动、合理的手部动作三个环节组成。

1. 准确的判断

准确的判断是有效地抢、打、断球的前提。首先应看准球所在的位置、球的移动路线以及球的速度和球到的位置,了解对方的配合、意图及习惯动作,然后不失时机地、准确地出击。

2. 快速的移动

起动要突然,移动的步频要快。不管抢球、打球或断球,突然性很重要,它是抢、打、断球成功与否的关键。突然跃出,才能使对方猝不及防。

3. 合理的手部动作

手部动作正确与否,是获得球的重要因素。手臂的伸、拉、挡、截,手腕和手指的拍击、点拨、扭转、封盖等动作要迅速果断。手臂动作幅度不要太大,身体用力不要过猛,要控制身体平衡,以免犯规。

（二）抢、打、断球动作方法

1. 抢球

抢球是指从进攻队员手中夺取球的方法。多在防守者离持球者近而且持球者保护球不好时运用。

（1）动作方法：当进攻队员停止运球、接球或抢到篮板球落地刚持球时,防守者趁其保护球不当时出其不意地将球抢掉。抢球时动作要快而狠,果断有力,在手指接触球或控制住球的同时,利用拧、拉和身体扭转力量,且手臂要迅速向腰腹回收,将球抢夺过来。抢球的手法一般是一手在上,一手在下直握。

（2）动作要点：出手要快,动作有力,扭拉要突然。

2. 打球

打球是指击落对方手中球的方法。它包括打原地持球队员的球、打运球队员手中的球和打行进间投篮队员手中的球三种情况。

3. 断球

断球是指截获对方传接球的方法。根据传球方向和防守队员断球前所处的位置,一般分为横断球、纵断球和封断球三种。

（1）横断球：指从侧面跃出截获进攻队传球的方法。

（2）纵断球：指从接球队员身后或侧后方突然用绕前防守步法跃出,截获进攻队传球的方法。

（3）封断球：指在封堵持球队员传球时截获球的动作方法。

4. 盖帽

进攻队员投篮或上篮时，在球刚离手的一刹那，防守队员立即跳起将球打落，称为盖帽。值得注意的是：对方将球投出至球达最高点，在这段时间内盖帽最佳；当球过最高点开始下落并在篮圈之上时触及球称为干扰球，但若球明显不进就不算干扰球。

（1）动作方法：盖帽前要根据进攻队员的投篮动作和身高、弹跳等特点，降低重心，迅速移动，选取有利位置，准确判断对手起跳及出球时机；当对手起跳投篮时，立即跟随起跳。此时身体和手臂充分伸展，在对手举球到最高点或球刚出手的一刹那，迅速而果断地用离对手近侧手臂的手腕、手指力量向侧方或前方点拨球，将球打落。打球动作要小而突然，前臂不要下压，要尽量避免接触对手的身体，以免犯规。

（2）动作要点：判断准确，起跳及时，盖打后注意收腹，以免犯规。

三、防守有球队员

球是攻守双方争夺的焦点，持球队员可以直接投篮得分、突破和传球，所以持球队员经常是最具威胁力的。为了有效地制止对方进攻，一旦对手接到球，防守者要及时调整与对手的位置和距离，尽力干扰和破坏对手投篮，堵截其运球突破，封锁其助攻传球，并积极地抢、打、断球，以争取控制球权。

（一）防守有球队员技术分析

防守有球队员由防守的位置与距离、防守姿势、移动步法三个环节组成。

1. 防守的位置与距离

防守有球队员时，防守人应站在对手与球篮之间，使对方、自己和球篮保持在一条直线上。一般对手离篮近时，防守者应靠对手近些，离篮远则靠对手远些。当然，还应根据对手的进攻技术特点（善投、善传或善突）以及防守战术的需要调整防守距离和位置。

2. 防守姿势

有平步防守和斜步防守两种防守姿势。

（1）平步防守：两脚平行站立，两手臂侧伸，不停挥摆。这种防守姿势防守面积大，攻击性强，便于向左右移动，适合于防守运球、突破。

（2）斜步防守：两脚前后站立，前脚同侧手臂向前上方伸出，另一手臂侧伸。这种防守姿势便于前后移动，对防投篮比较有利。

3. 移动步法

防守有球队员的脚步动作与对手接球时所处的情况以及防守者的站立姿势有直接关系。常用的移动步法有：运用碎步或跳步急停突然逼近对手；平步站立——横滑步；斜前站立——撤步、滑步。

（二）防守有球队员的动作方法

根据持球者所要进行的投篮、突破、运球、传球等不同的进攻动作，防守有球队员可分为防投篮、防突破、防运球和防传球四种防守方法。

1. 防投篮

当对手在离篮 6 米的范围内接到球时，威胁很大，他可直接投篮。防守者要站在对手与球篮之间，采取斜步防守姿势，同对手保持一臂的距离。防守人要全神贯注，注意对手眼神和重心位置的变换，判断对手的进攻意图，不要被其假动作迷惑。当对手举球准备投篮时，防守人应随之将前伸的手臂扬起，手掌对准球；当对手投篮刚出手或起跳时，防守者及时起跳，伸直手臂用手腕封球，干扰其出球弧度，并争取盖帽。

2. 防突破

防对手持球突破时，要根据对手习惯、技术特点（中枢脚、突破方向、假动作等）的不同来采取相应的对策。如对手以左脚为中枢脚，用交叉步从防守者的右侧突破时，防守者可稍偏于对手的左侧站立，以右脚在前的斜步（或平步）防守姿势堵其左脚侧，与前脚同侧的手臂前伸指向球的部位，并伺机以小臂和手的短促动作挑打球；另一手侧伸以防对手突破。

3. 防运球

当对手在离篮 7 米以外持球且投篮的准确性又较差时，防守者的主要任务是防运球。防守中应遵循两条原则：一是堵中路迫使其向边、角运球；二是堵强手迫使其用弱手运球。为了扩大防守面积，堵截对手向纵深方向运球，应采取平步防守姿势。当对手开始运球时，防守者应将视线集中在对手运球的手和球，并抢先快速向运球方向滑动，以身体的躯干对着球的着地点，阻止对手从中路运球突破。

4. 防传球

当对手善于传球助攻时，防守队员要积极阻挠其传球。防守时要根据其位置和视线，判断其传球意图。防守队员有时可上前贴近对手，挥动手臂封堵其传球，迫使其向攻击威胁力弱的位置传球；有时可向后撤步，协助同伴防守，使对手不能顺利传球给处在有利位置的进攻队员，同时伺机抢断球。

四、防守无球队员

在一场竞赛中，防守队员绝大部分时间（约占全部防守时间的 80%）是防守无球队员。多数情况下无球队员的移动是构成进攻配合的关键。要提高防守的主动性、攻击性，有效地制止对手进攻，必须加强对防无球队员重要性的认识，提高防守无球队员的技能。

根据无球队员移动切入的路线不同，防守无球队员可分为防纵切和防横切两种方式。

防守无球队员技术分析：防守无球队员时，位置与距离的选择非常重要，必须根据球和自己防守的对手所处的位置来确定和调整自己的防守位置，始终要保持“球—我—他”的选位原则，即防守者的位置始终要在对手与球之间，与球和所防对手三者要成钝角三角形，防守者始终站在钝角处。防守者与对手的距离要和对手距球的远近成正比，做到近球上，远球松，人、球、区三兼顾，控制对手接球。

篮球知识

☆NBA 单场个人得分榜

得分	球员	日期	对手球队
100	费城勇士队张伯伦	1962 年 3 月 2 日	尼克斯队
81	洛杉矶湖人队科比	2006 年 1 月 23 日	猛龙队
78	费城勇士队张伯伦	1961 年 12 月 8 日	湖人队（3 加时）
73	费城勇士队张伯伦	1962 年 1 月 13 日	公牛队
73	旧金山勇士队张伯伦	1962 年 11 月 16 日	尼克斯队
73	丹佛掘金队汤普森	1978 年 4 月 9 日	活塞队
72	旧金山勇士队张伯伦	1962 年 11 月 3 日	湖人队
71	洛杉矶湖人队尤尔金·拜勒	1960 年 11 月 15 日	尼克斯队
71	圣安东尼奥马刺队大卫·罗宾逊	1994 年 4 月 24 日	快船队

第六节　移动技术

移动技术是指篮球比赛中为了改变位置、方向、速度和争取高度所采用的各种脚步动作方法的统称。现代篮球移动技术是朝着"快速、灵活、突然、多变"的方向发展的。在篮球比赛中，运动员只有充分利用脚步动作的灵活性和突然性，提高动作速率，才能获得快速起动，快速移位，快速停、转、起跳，快速的攻守转换。只有这样，才能争取时间和空间的主动，达到篮球比赛高速度的要求。同时，高超技术的出现，更加促使脚步动作在连续多变的组合中衔接合理，动作协调，准确无误。

（一）起动

向前起动时，身体重心前移，上体前倾，一只脚蹬地，另一只脚迅速跨出。向侧起动时，重心前移，上体向起动方向侧肩前倾，对侧脚用力蹬地，脚尖朝前进方向，迅速向跑动方向跨出。

（二）变向跑

向左变向时，右脚着地，脚尖稍内扣，用前脚掌内侧蹬地。然后快速移动重心，左脚向左前方跨出，加速超越对手。向右变向时，动作相反。

（三）侧身跑

跑动中头部上体侧转，转向球的方向，而脚尖朝着前进方向，既要保持跑速，又要注意观察场上情况。

（四）急停

1. 跨步急停

第一步稍大，全脚掌着地，上体稍后坐。第二步落地，身体稍侧转，屈膝内收，前脚掌内侧着地，上体微前倾，重心落在两脚之间。

2. 跳步急停

单或双脚起跳，上体稍后仰，两脚同时落地，用脚前掌内侧蹬地，屈膝，降低身体重心，将身体重心置于两脚之间。

（五）转身

（1）以一前脚掌为轴，重心移向中枢脚。

（2）中枢脚以前脚掌为轴辗地，上体随着移动脚移动。移动脚蹬地在中枢脚前方进行移动为前转身，移动脚蹬地在中枢脚后方进行移动为后转身。

（3）移动时身体重心始终保持在同一水平面上。

（六）侧滑步

（1）向左滑步时，左脚先向左横跨出，右脚紧随左脚滑动，两臂侧伸。向右滑步时动作相反。

（2）保持低姿势，身体不能上下起伏，将身体重心保持在两脚之间。

（七）攻击步

（1）后脚蹬地，前脚迅速向前跨出，逼近对手。

（2）用前脚的同侧手伸出抢、打球或干扰对手的进攻动作，落地时身体重心要平稳。

（八）碎步

（1）两脚做小步幅不停地用脚前掌蹬地，用小而快的步法向左、右、前、后移动，此步法多用于平步防守。

（2）重心下降，上体不能上下起伏。

篮球知识

☆迈克尔·乔丹简介

出生日：1963 年 2 月 17 日

出生地：纽约布鲁克林

身　高：1.98 米

位　置：后卫

学　历：1984 年毕业于北卡莱罗纳州立大学

NBA 生涯：14 个赛季（1984—1993、1994—1998、2001—2002）

司　职：后卫

1984 年 NBA 选秀大会第一轮第三顺位被芝加哥公牛队选中，1991—1993 年率公牛队完成 NBA 总冠军“三连冠”霸业。随后宣布退休，转而投身美国职业棒球联赛，加盟芝加哥白袜队。但篮球天才并非放之四海而皆准，棒球生涯受挫的乔丹于 1995 年 3 月 19 日重返 NBA，第一场比赛对印第安那步行者队，得了 19 分，抢得 6 个篮板球，6 次助攻和 3 次抢断。之后 1996—1998 年又带领公牛队 3 次夺得 NBA 总冠军。1999 年 1 月 13 日乔丹宣布正式退役，他的 23 号球衣也在联合中心体育馆永久退役。2000 年 1 月 19 日开始担任华盛顿奇才队执行总裁。乔丹的妻子叫胡安尼塔，他们生有三个孩子。

第五章 篮球的基本战术

篮球战术丰富多彩，包含有诡道的内容。诡道者，不守常也。不按常规、常法办事，独辟蹊径，出奇创新，才是诡道的本意。在篮球史上，以弱胜强、以柔克刚、以虚击实、以巧取胜的战例数不胜数，给人们留下了无限美好的回忆。在第二十八届奥运会上中国男篮与塞黑队的比赛还剩最后三秒钟时中国队领先4分，塞黑队在瞬间寻找到最合适的对象欲使其犯规以尽快获得球权，而中国队坚定地实施让对方得分而决不犯规的战术。双方教练都表现出了高超的指挥谋略，此堪称篮球谋略的经典。

我们谈篮球战术就要说到人盯人、联防、全场紧逼等战术，规定5人如何在场上站位、跑动乃至具体的职责，目的是如何通过人员的合理配置保持比赛过程中的攻守平衡。篮球比赛中队员的位置一般分为中锋、大前锋、小前锋、攻击后卫和组织后卫。但随着篮球运动的发展，队员在球场上的战术分位越来越淡化，更趋向全能型方向发展。在第二十八届奥运会上，大个队员与小个队员的技术特点越来越接近。例如：西班牙队的加索尔，无论担任大前锋还是小前锋，无论在篮下还是在外线都会给对方造成很大威胁。队员角色的综合性是篮球运动发展的一大趋势。因此，我们在学习和训练中，对场上5个位置的分工和职责要有全面的认识，不能局限在某一位置上，只有具备足够的经验和智慧的球员，才能在球场上占据一个有效位置，才能应付多变的比赛情况，作出一个瞬间的决定。智慧和谋略的超群出众可以弥补经验的不足，而经验的积累又可以增加智慧和谋略。

第一节 阵容配备

众所周知，篮球比赛中各支队伍均有5名上场队员，包括中锋、大前锋、小前锋、攻击后卫和组织后卫。国际惯例称其为1号位（组织后卫）、2号位（攻击后卫）、3号位（小前锋）、4号位（大前锋）、5号位（中锋）。他们之间存在着区别，最初的篮球阵容是按照后卫、前锋、中锋来划分的，它们之间的区分标准是身高。我们从过去的篮球比赛中可以看到身高最矮的队员一定是打后卫的，而最高的队员一定是打中锋的，这是传统篮球比赛阵容搭配的标准，也是国际上的一种惯例，至今仍在延续。但是随着篮球运动的发展，队员在球场上的战术分位越来越淡化，更趋向发展全能型队员。

从现在的篮球比赛中，我们可以观察到这样一种现象：后卫与小前锋的位置，大前锋与中锋的位置都趋于模糊化。更多看到的是篮球队员全面的技术和灵活的运用能力。从水平最高的NBA联赛中我们可以看到，一些全能型队员能打1号、2号和3号位中的任一位置。例如，20世纪80年代的黑白双煞——魔术师约翰逊和大鸟伯德的身高均在2米以上，但是在场上的位置约翰逊是组织后卫，伯德是小前锋，且在比赛中他们经常根据比赛的需要在1、2、3号位的任何一个位置上出色地发挥。90年代的巨星迈克尔·乔丹作为一个全能型战士是篮球史上的一颗闪亮的明星，你能明确地说出乔丹打的是哪一个位置吗？其实很难，因为他在每一个位置上都表现得非常出色。他可以外围投3分球，可以突破中投，可以在任何中锋头上扣篮，可以在防守中封盖任何对手，可以盗走对手手中的球。

在当今的NBA比赛中，同样存在一些全能型战士：休斯敦火箭队的麦克格雷蒂,他的身高为2.03米,他既能打得分后卫,又能打组织后卫和小前锋。洛杉矶湖人队的科比·布莱恩特身高是2.02米,他在队中的位置虽然是得分后卫(2号位),但是在比赛中我们经常看到他担当组织后卫进行指挥,有时又担当小前锋投外围3分球和突破封杀对手。还有一些大个球员,像达拉斯小牛队的诺维斯基,他的身高为2.14米,在球场上我们看到的他既不是一名完全的中锋和大前锋,也不是一名完全的小前锋和后卫。我们不仅可以看到诺维斯基在球场上带球狂奔的镜头,还可以看到他在3分线外的出手,看到他的突破、中投和篮下的强攻。他是一个典型的全能型战士。还有一些明星球员,他们既能打大前锋,也能打中锋;他们不光有强壮的身体,还有灵活的脚步。这类球员的典型代表有马刺队的蒂姆·邓肯、森林狼队的加内特、太阳队的斯塔德迈尔、灰熊队的保罗·加索尔和山猫队的奥卡福。

篮球比赛的阵容要根据队伍的人员组合进行配置,要根据队伍的实际情况安排场上位置。

一、组织后卫(PG)

怎样才算是一个合格的组织后卫(Point Guard)呢?首先,他是进攻战术的组织者,能运筹帷幄控制球场上发生的变化;其次,他要有很强的控球能力和传球能力,能够在大多数的时间里,将球传到球应该到的地方。简单地说,他要让球流动得顺畅,要能将球传到最容易得分的地方。更进一步说,他还要组织本队的进攻,让队友的进攻更为流畅。

从现代篮球运动的发展看,组织后卫的得分能力日渐提高,尤其是外线得分和切入助攻是他必备的两项利器。

二、得分后卫(SG)

由得分后卫(Shooting Guard)的字面就不难得知,得分后卫是以得分为主要任务的。他在场上是仅次于小前锋的第二得分手。得分后卫经常要做两件事,第一是提高外线命中率和稳定性;第二是要自己找机会单打出手,或是在人缝中找空档,所以他出手的速度要快。一个好的得分后卫总不能企望每次都有好的空档,应该能在很短的时间内找机会出手,且命中率要高,这样才能让敌方的防守有所顾忌;必须拉开防守圈,以更利于加强队友在禁区内的攻势。

三、小前锋(SF)

小前锋(Small Forward)乃是球队中最重要的得分者。对小前锋最根本的要求就是得分,而且是较远距离的得分。小前锋乃是对命中率要求最低的一个位置。一般而言,只要达到四成五的命中率就算得上合格,而四成以上都可以接受。当然这有一个前提,就是他要能得分。如果一个小前锋每场球只能得七八分,命中率也只有四成的话,那还不如叫他去坐板凳算了。话又说回来,为什么小前锋的命中率可以比较低呢?因为他是队上主要得分者,经常要积极找机会投篮,要在某些时刻稳定军心,甚或以较困难的方式单打对手来提升士气,乃至于给对手下马威,给予敌方迎头痛击等。由于小前锋有较多的机会出手,甚至有时是不太好的机会,所以一般情况下可以允许他的命中率稍低,只要他能得分。

四、大前锋(PF)

大前锋(Power Forward)在队上担任的几乎都是“苦工”,抢篮板球、防守、卡位都少不了他,但是要投篮、得分,他却经常是最后一个。所以说,大前锋可以算是篮球场上最不起眼的角色了。其实,大前锋就是要做好两件事:抢篮板球和防守。

大前锋的首要工作便是抢篮板球。他通常是队上篮板球抢得最多的人,他在禁区卡位,与中锋配合,往往要挑起全队的篮板重任。而在进攻时,他又常常帮队友挡人,然后在队友出手后设法挤进去抢篮板球,做第二波的进攻。以往,大前锋往往就是要做苦工的,在场上他们少有接球单打的机会。现在篮球观念日新月异,大前锋也逐渐在进攻方面有所加强了,这也正是大前锋今昔最大的差别。

五、中锋(C)

中锋(Center)位于篮下争夺最激烈的区域,必须具备高大的身材和体重以及良好的力量、弹跳力等素质;要求技术全面、能攻善守,既能得分又善于抢篮板球。他是全队战术配合的枢纽和防守的中坚力量,需具备顽强的意志、冷静聪慧的头脑、稳定的心理品质。中锋的实力是体现全队水平的重要标志之一。他的技术特点主要有:技术动作有力量和身体直接对抗,内线攻击都是在贴身防守和协防、封盖情况下进行的,要求他机敏有力、动作敏捷,在对抗中保持动作的稳定性。

篮球知识

☆姚明个人资料

出生日期:1980年9月12日　出生地:上海

身高:2.26米　体重:125公斤

身份:运动员　个人爱好:电脑游戏

注册单位:休斯敦火箭队

运动项目:篮球　奥运会报名项目:男篮　场上位置:中锋

球衣号码：13 号

最好成绩：1999 年亚洲男子篮球锦标赛冠军；2004 年雅典奥运会第八名

第二节　二三人配合

一支强队之所以被称为强队，是因为这支球队有良好的进攻与防守体系和五名优秀的队员，且在五名队员中有球队的灵魂人物，他们可能是两三个人。在中国国家队中，有姚明和刘炜；在夺得第十四届世锦赛冠军的塞黑队中有斯瓦茨和斯图贾科维奇。在 NBA 的各支球队中，几乎每支球队都有它的核心球员，比如：湖人三连冠时的"OK(奥尼尔和科比)"组合，火箭队的"YM(姚明和麦克格雷蒂)"组合，太阳队的"三驾马车(纳什、斯塔德迈尔和马里昂)"，活塞队的"WW(本·华莱士和拉希德·华莱士)"，马刺队的帕克、吉诺比利和邓肯。核心球员是队伍整体打法的组织者和执行者，是球队中不可或缺的元素。

一、进攻战术基础配合

进攻战术基础配合指篮球比赛中，两三名队员之间有目的、有组织地协同作战的配合方法，是进攻队员之间为了创造攻击机会，合理运用技术而组成的合作方法。

(一) 传切配合

传切配合是指进攻队员之间利用传球和切入技术所组成的简单配合。

如图 5-1 所示，我们把它看成是中国国家队的一次进攻。中路的刘炜将球传给右侧的李楠，然后向左侧做假动作沿右路摆脱甩开防守队员，接李楠的传球并上篮得分。

传切配合的要求：

(1) 队员配合的距离要拉开，切入路线要合理。

(2) 切入队员要利用假动作迷惑对手或趁对手注意球的瞬间，掌握好摆脱时机，切入时紧贴对手，动作快速而突然。

(3) 传球队员动作要隐蔽，传球要及时、准确。

(二) 突分配合

突分配合是指持球者突破后利用传球与队友配合的方法。

如图 5-2 所示，我们把它看成是中国国家队的一次进攻。中路的刘炜沿右路突破，在防守队员形成双人夹击时将球传给摆脱防守的李楠，李楠接球上篮得分。

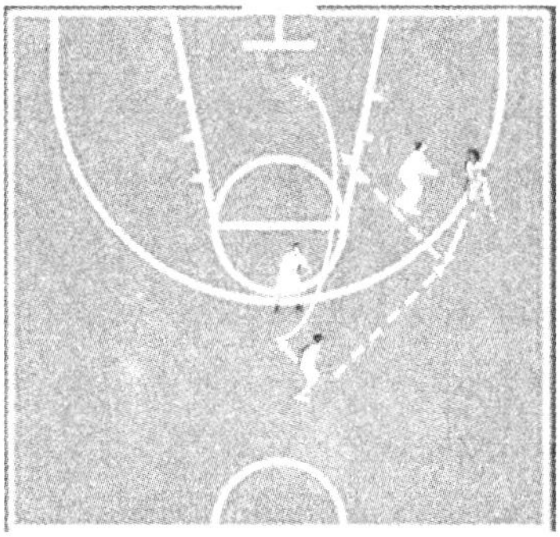

图 5-1　传切配合

图 5-2　突分配合

突分配合的要求：

(1) 队员在突破中动作要快速、突然，在准备投篮的同时，注意观察攻守队员位置的变化，及时、准确地将球传给进攻机会更好的队友。

(2) 当持球队员突破后，其他的进攻队员都要摆脱对手，离开原先的位置，切向空隙区域，准备接球进攻或抢篮板球。

（三）掩护配合

掩护配合是指合理地利用自己的身体挡住队友防守者的移动路线使队友借以摆脱防守，或利用队友的身体和位置使自己摆脱防守的一种配合方法。

如图5-3所示，我们把它看成是中国国家队的一次进攻。中路刘炜上前为李楠做掩护，李楠沿左侧突破。当防守队员跟进时，做掩护的刘炜后转身接突破队员的回传球上篮得分。

掩护配合的要求：

（1）掩护时身体姿势要正确。

（2）掩护时摆脱队员要用投篮和移动等动作吸引对手的注意力，诱使对手贴近自己，摆脱对手的动作要突然、快速。

（3）掩护时队友之间的配合要掌握好时机和节奏。

（4）组织掩护配合时要创造中投和突破机会，注意内外线进攻相结合。

掩护配合是篮球比赛中常用的一种配合方法，我们经常看到在比赛中队员们采取相互之间的掩护摆脱防守队员。掩护可以是前锋和后卫之间、中锋和后卫之间或中锋和前锋之间。2005年NBA总冠军马刺队正是一直强调整体配合的球队，这支以邓肯、帕克、吉诺比利、霍利、鲍文等球员组成的球队各个位置上的力量都比较均衡，他们强调集体作战，面对进攻与防守同样出色的上届冠军活塞队，充分发挥全队力量，协防、掩护等相互配合相当精妙，比赛中很少出现单打独斗的情况，更多的是相互之间的掩护、跑位和分球。

（四）策应配合

策应配合是指处于内线的队员背对篮或侧对篮接球后，以他作枢纽，与外线队员的空切相结合而形成的一种里应外合的配合方法。策应配合可分为内策应和外策应两种。在半场范围内，靠底线的限制区两侧做策应通称为内策应；在罚球线附近和罚球线延长线附近做策应通称为外策应。

如图 5-4 所示，我们把它看成是中国国家队的一次进攻。姚明上提到罚球线后接刘炜传球，刘炜利用假动作摆脱防守队员，沿中路快下，接姚明的反弹球上篮得分。

图 5-3 掩护配合

图 5-4 策应配合

策应配合的要求：

（1）策应队员突然起动，摆脱对手，占据有利位置，接球后保持合理护球姿势，注意观察，及时传球给进攻机会最好的队友投篮或自己进攻。

（2）外围传球队员根据策应者的位置和机会，及时准确地传球给策应队员，做到人到球到，传球后迅速摆脱防守，切入篮下。

谁也无法忘记雅典奥运会男篮小组赛中，经过紧张而激烈的角逐，中国队最后以 67 ∶ 66 险胜塞黑队，终于圆了“前八”梦！执法奥运男篮比赛的中国国际级裁判宋延平感慨连连：“这 1 分太重要了，这 1 分肯定了一个方向！”我们都无法忘记姚明在比赛中给杜锋的那个过顶传球，姚明脑后传球，帮助杜锋成功扣篮，这是中锋内线策应的一个典型例子。

篮球知识

☆篮球意识

篮球意识是指篮球运动员根据运动场上情况,通过感觉、观察和思维,作出判断,支配自己采取合理行动的心理过程的总和。篮球意识的强弱反映了运动员创造性地运用技术、战术的能力。

二、快　攻

快攻是篮球进攻战术中的重要组成部分,也是现代篮球进攻战术中最有效的反击得分手段。通常一次成功的快攻不但能极大地鼓舞本方的士气,而且行云流水般的配合富有极高的观赏性。

(一) 快攻的结构与种类

快攻在组织形式上分为长传快攻和短传与运球结合快攻两种。

快攻的组织结构:长传快攻由发动和结束两个部分组成;短传与运球结合快攻是由发动与接应、推进、结束三个部分组成的。

1. 长传快攻(抢篮板球发动)

如图5-5所示,我们把它看做是小牛队的一次快攻。诺维斯基抢到后场篮板球发动快攻,这时左侧的贾深·特里与右侧的斯塔克豪斯迅速下底,这时诺维斯基有两种传球路线,可以给左侧的贾深·特里,也可以给右侧的斯塔克豪斯,这就是我们时常在电视上看到的中锋抢到后场篮板球发动快攻,前锋队员接球后灌篮的场面。

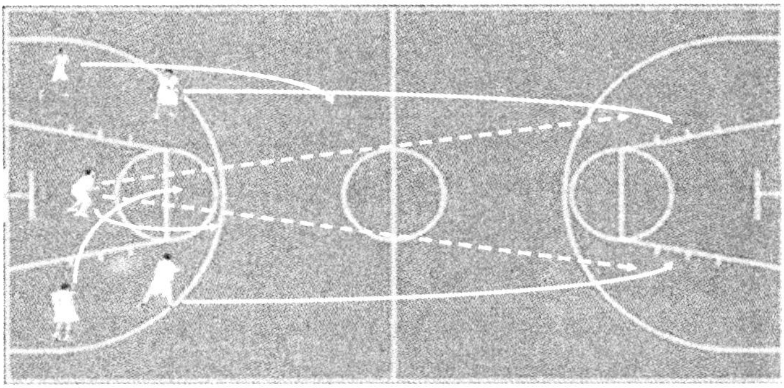

图 5-5　长传快攻(抢篮板球发动)

2. 长传快攻(抢断发动)

如图 5-6 所示,我们把它看做是 2005 年 NBA 总决赛活塞对马刺的一场比赛:身穿深色球衣的为活塞队,白色球衣的为马刺队。活塞队的比卢普斯运球过前场,他在寻找将球传给汉密尔顿的机会。这时科普林斯从左路杀出,比卢普斯想将球交给普林斯由普林斯将球传给汉密尔顿。在他传球的一瞬间,吉诺比利看出了比卢普斯的意图,他抢先一步将球抢断,这时左路的巴里和右路的霍利迅速下底,吉诺比利可以将球传给巴里,也可以将球传给霍利来完成这次"旋风式"反击。

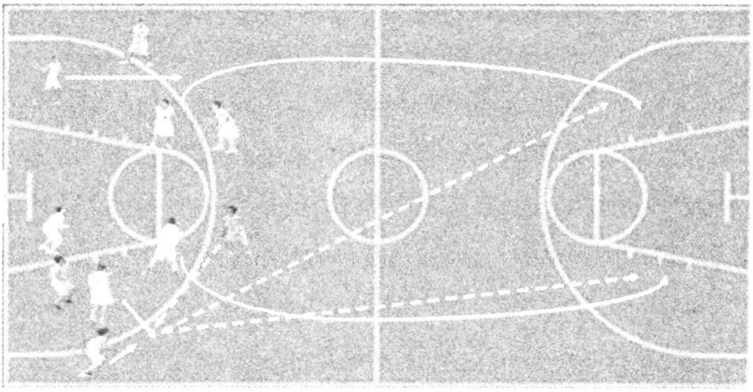

图 5-6　长传快攻(抢断发动)

3. 短传快攻

如图5-7所示，最善于进攻的太阳队队员斯塔德迈尔抢到后场篮板球后将球交给上前接应的里查德森，里查德森将球交给组织后卫纳什继续快下，纳什又将球传回给里查德森，然后迅速向篮下跑去，这时右路的马里昂已快下到篮下，里查德森可以将球传给马里昂或纳什来完成这次“旋风式”反击。

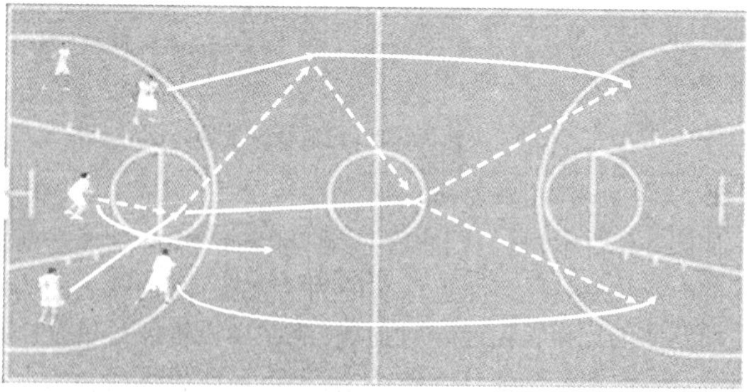

图5-7　短传快攻

4. 快攻配合(传球和运球结合)

如图5-8所示，马刺队队员邓肯抢到后场篮板球后将球传给

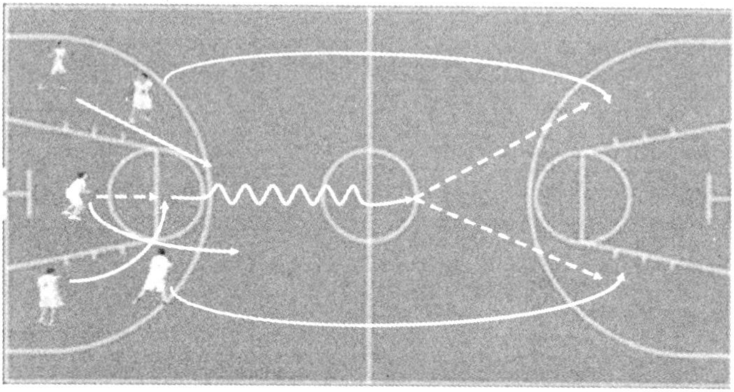

图5-8　快攻配合(传球和运球结合)

上前接应的帕克,右路的吉诺比利和左路的鲍文迅速下底,当帕克快速运球到中场时吉诺比利和鲍文也快到篮下,帕克可以把球传给吉诺比利或鲍文来完成这次“旋风式”反击。

(二)快攻发动与接应的要求

(1)首先应使队员明确获球即是发动快攻的信号,要争取时间,迅速完成发动与接应。

(2)一传要快而准,抢到篮板球后,在空中要转身面向进攻方向,最好能在空中传球。假如持球落地,受到对手积极堵截辨不清接应人时,应积极向边线或限制区外运球突破,以摆脱防守。

(3)接应队员移动要快,并注意观察场上情况,运用各种动作及时摆脱防守,积极主动占据有利位置,侧身迎上接球,不要就地等球,以防止被抢断。接应点应尽量扩大到中场线附近,以加快推进速度。

(4)完成发动和推进以后,其他队员应协同迅速向前场插上跟进。

三、防守战术基础配合

(一)防掩护配合

1. 穿过

如图5-9所示,我们把它看成是中国国家队的一次防守。中路队员将球传给左路队员,然后跑向右侧给右侧队友做掩护,这时防守的刘炜会跟进防守,被掩护的队员会伺

图5-9 穿过

机摆脱,这时张劲松应及时在掩护队员和防守队友之间穿过。

2. 换防

当右路队员将球传给中路队员并做掩护时,防守的两名队员应根据情况及时交换防守对象(图 5-10)。

(二) 协防配合

1. 补防

如图 5-11 所示,我们把它看成是中国国家队的一次防守。当中路队员突破防守直逼篮下时,防守中锋姚明应及时补防,其他队员也应及时补位,防中路的李楠补防左路,防左路的杜锋补防中锋位。

图 5-10 换防

图 5-11 补防

2. 夹击

堵中放边是在全场紧逼防守时常用的一种方法。图 5-12 可看成是中国队的一次防守。当对方发出界外球时,刘炜应堵住中路不让带球队员走中路,把他逼向边角;当进攻队员到达中线边角时,张劲松应及时上前和刘炜形成夹击防守。同样,如果对方突破了中路并将球传向了底线,这时防守队员应把运球队员逼向端线底角进行夹击。

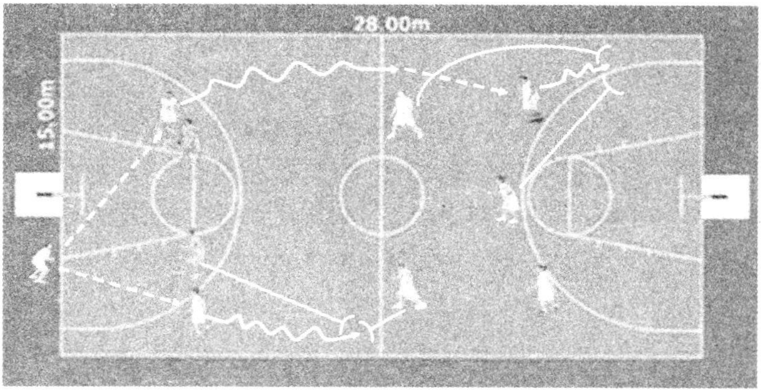

图 5-12　夹击

（三）防快攻

1. 二防三，平行站位

当一侧队员突破时，另一名队员防守；当进攻队员分球时，另一名队员上前方防守。（图 5-13）

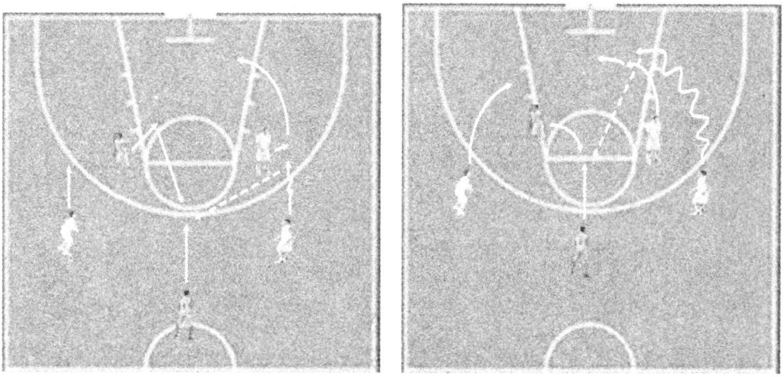

图 5-13　防快攻（二防三，平行站位）

2. 二防三，前后站位

上面队员上前防守，后面队员观察进攻队员的分球方向进行补防。（图 5-14）

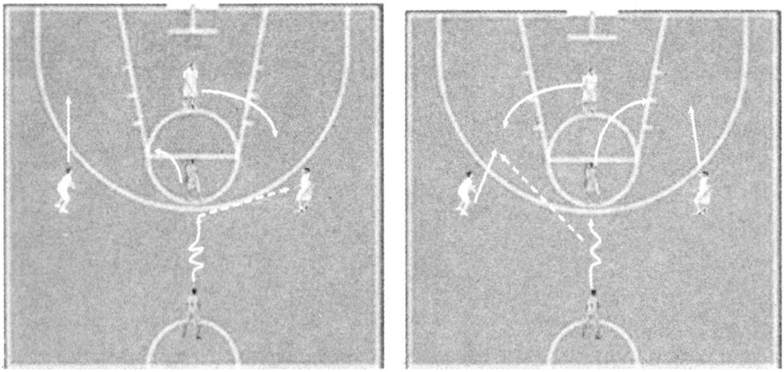

图 5-14　防快攻(二防三,前后站位)

3. 二防三,上下站位

上面队员上前防守,后面队员观察进攻队员的分球方向进行补防。(图 5-15)

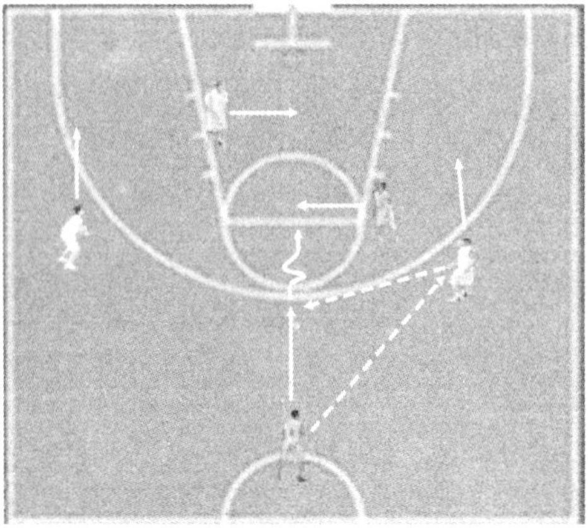

图 5-15　防快攻(二防三,上下站位)

篮球知识

☆圆柱体原则

圆柱体原则的定义：一名站在地面上的队员占据一个假想的圆柱体内的空间。圆柱体包括该队员上面的空间，并受下列限定：前面为手的双掌，后面为臀部，两侧为双臂和双腿的外侧。双手和双脚可以在躯干前面伸展，其肘部的双臂弯曲不超过双脚的位置，因此两前臂和双手要举起。队员双脚间的距离应与其身高成比例。

第三节 全队战术

一支球队是一个整体，场上队员更是一个整体。球队是由管理层、教练班子和十几名队员组成的，它就像一辆好的跑车一样，缺少哪个零件都无法正常运转。世界篮坛诞生了许多篮球巨星。他们是所在球队的灵魂人物，他们可以控制比赛的一部分或关键时刻，但要赢得一场比赛单靠他们是远远不够的，还需要场上五名队员的共同努力。篮球是一项集体运动，场上的五名队员就像五根手指，只有攥紧了才能成为一个拳头。全队的战术对一支球队是非常重要的，它是球队赢得比赛的法宝。下面介绍一些全队战术。

一、区域联防和进攻区域联防

（一）区域联防

区域联防是指由攻转守时，防守队员迅速退回后场，每个防守队员分工负责防守一定的区域，严密防守进入该区域的球和进攻队员,并与队友协同配合,用一定的队形把每个防守区域有机地联系起来,形成全队的整体防守。

1. 区域联防的形式

区域联防根据防守队员所站区域的不同,组成了各种不同的区域联防。常用的区域联防有“2—1—2”、“2—3”、“3—2”和“1—3—1”4 种阵型(图 5-16)。

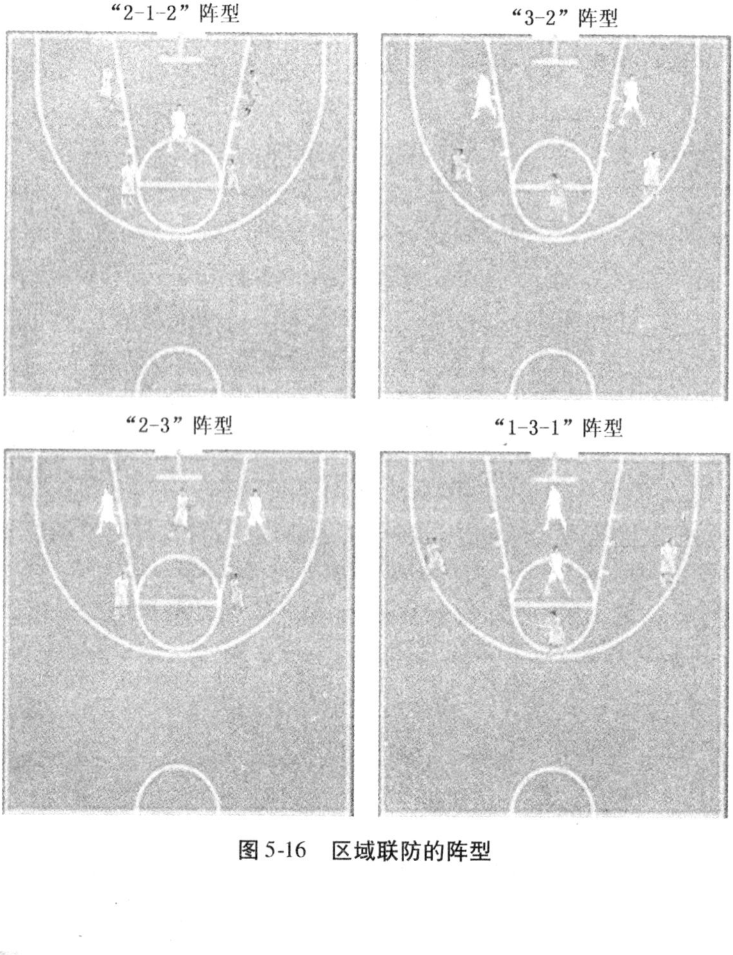

图 5-16　区域联防的阵型

2. 区域联防的基本原则

（1）根据区域联防的队形，队员的身高和技术特长，合理地分配队员的防守区域。

（2）在分工负责防守区域的基础上，各防守队员应相互协同行动，形成整体防守。

（3）防守有球队员时，应按人盯人防守的要求进行防守。

（4）防守无球队员时，要不断调整和选择防守位置，防止防守对手接球，空切和协同队友进行“关门”、“补防”、“夹击”等配合。

（二）进攻区域联防

1. 进攻区域联防的形式

进攻区域联防是指根据本队的特点和区域联防的弱点所组成的有针对性的进攻战术。“1—3—1”进攻“2—3”区域联防是一个非常典型的例子，也是国际大赛中比较常用的一种破联防的进攻战术。

（1）“1—3—1”进攻“2—3”区域联防（例一）：如图5-17所示，我们把它看成是中国国家队的一次进攻。外围三名队员倒手传接，迫使防守队员扩大范围，刘炜可将球传给上提中路的姚明，迫使对方中锋上前防守，空出篮下，为左路插上的易建联创造了投篮机会。

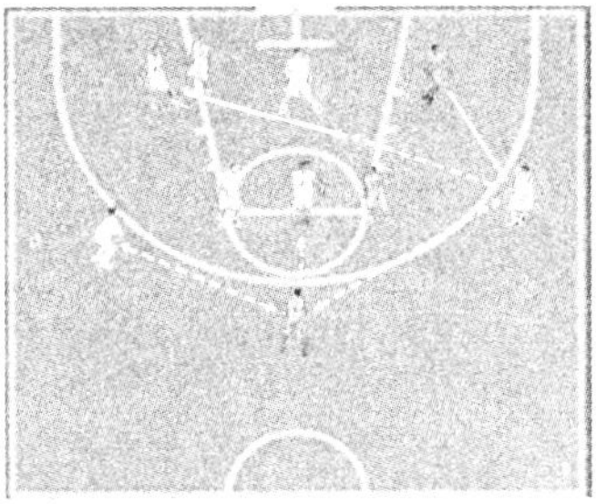

图5-17 “1—3—1”进攻“2—3”区域联防（一）

（2）“1—3—1”进攻“2—3”区域联防（例二）：如图5-18所示，我们把它看成是中国国家队的一次进攻。外围队员在传球过程中，调动防守，组织中、远距离投篮，迫使对方扩大防区。如果没有机会，当球传给右侧的李楠时，左侧的刘炜背插至右侧底角，接球后可以投篮或传给中路的姚明进行进攻。

2. 进攻区域联防的基本要求

（1）进攻区域联防最有效的方法之一就是拼抢篮板球，积极组织与发动快攻。

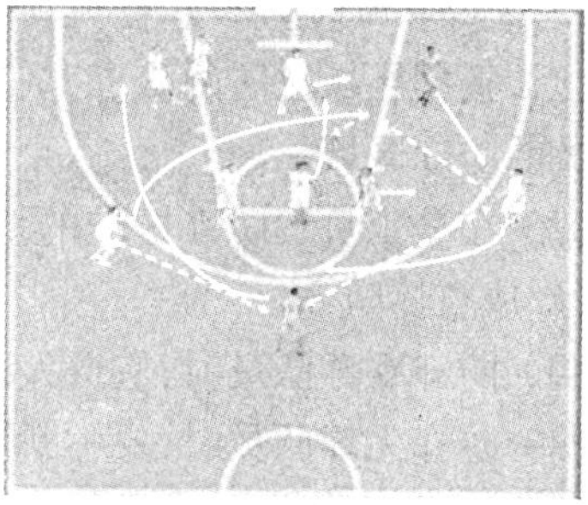

图 5-18 “1—3—1”进攻“2—3”区域联防（二）

（2）当防守已经组织好区域联防时，进攻队员要针对区域联防的阵式，采取插空占位的进攻队形。

（3）进攻区域联防时要利用各种进攻基础配合，空切、溜底、突破，内线进攻与外围投篮相结合，造成防守局部负担过重，打乱防守阵形，创造以多打少的进攻机会。

（4）组织进攻时，应通过球的转移，队员的空切跑动来调动和创造进攻机会。

（5）中、远距离投篮是进攻区域联防的重要手段，持球进攻队员有机会时应果断出手投篮。

（6）当本队投篮时，要抢占有利位置，积极拼抢篮板球，争取二次进攻机会。

（7）进攻中应注意保持攻守中的平衡和守防快攻反击。

篮球知识

☆抢球技术分析

拉抢是指防守队员从持球队员持球的空隙部位，迅速用双手抓住球后向自己怀里突然猛拉，将球抢到自己手中。因此拉抢前，首先要看清对方持球的方式，看准持球的空隙部位，然后进行拉抢。拉抢球可分为三个环节：一是出击，二是抢球，三是回拉胸前。

二、全场紧逼与进攻全场紧逼

（一）全场紧逼

全场紧逼人盯人防守是指由攻转守时，在全场范围内立即紧逼自己防守对手的一种攻击性防守战术。全场紧逼人盯人防守通常用于对付身材高大但灵活性差、投篮准而运球能力差的对手，或用于对付全场紧逼人盯人防守经验差的对手和关键时刻突然改变战术用。这是一种行之有效的防守方法，运用这种方法最多的是NBA 球员，因为他们更加崇尚激烈的对抗。

（二）进攻全场紧逼

进攻全场紧逼人盯人防守时，进攻队员要沉着、冷静、有耐心，不盲目运球和传球，利用全队的协同配合，破坏对方的防守。

进攻全场紧逼人盯人防守时，要根据全队进攻战术迅速落位，以便组织进攻。

1. 掩护、突破、策应进攻

如图 5-19 所示，我们把它看做是火箭队的一场比赛。麦迪上前为阿尔斯通做掩护，霍华德将球发给左路的阿尔斯通。阿尔斯通中路带球快下，麦迪和霍华德分别沿左路和右路快下，阿尔斯通带球过中线后将球传给上提的姚明，然后迅速向右侧移动，由姚明发动进攻。

图 5-19　掩护、突破、策应进攻

2. 破全场紧逼：两侧掩护结合中路突破进攻

如图5-20所示，我们把它看做是火箭队的一场比赛。韦斯利发球，姚明为阿尔斯通掩护后转身接球，阿尔斯通沿左路快下。霍华德为麦迪掩护后接应姚明，带球从中路快下，麦迪沿右路快下。霍华德可以将球传给左路的阿尔斯通，也可以将球传给右路的麦迪来完成进攻。

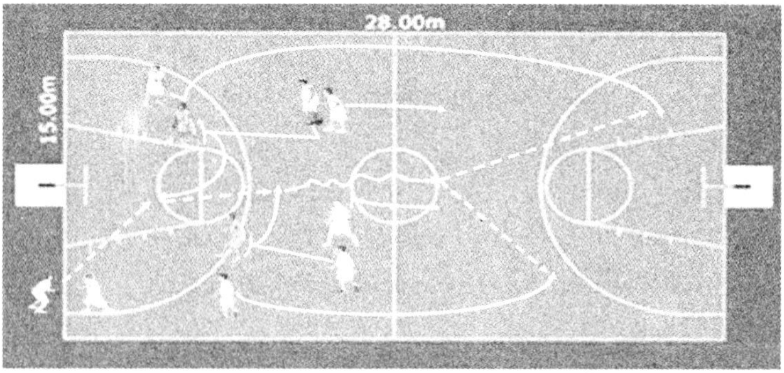

图5-20 两侧掩护结合中路突破进攻

3. 破全场紧逼："1—1—2—1"进攻"1—2—1—1"全场区域紧逼

如图5-21所示，我们把它看做是火箭队的一场比赛。火箭队

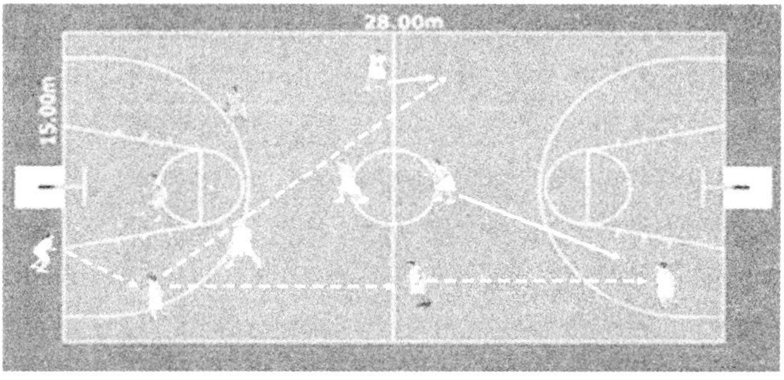

图5-21 "1—1—2—1"进攻"1—2—1—1"全场区域紧逼

队员的站位为“1—1—2—1”，韦斯利发球给阿尔斯通，阿尔斯通可以直接将球长传给左路的麦迪，还可以传给中路接应的姚明，姚明再把球传给底线的霍华德。

4. 破全场紧逼：掩护结合策应进攻“2—1—2”全场区域紧逼

如图5-22所示，我们把它看做是火箭队的一场比赛。韦斯利发球，阿尔斯通摆脱接球，韦斯利沿左路快下。霍华德为麦迪掩护，麦迪快下到三分线附近，接阿尔斯通的传球。姚明上提接阿尔斯通的传球进行策应。

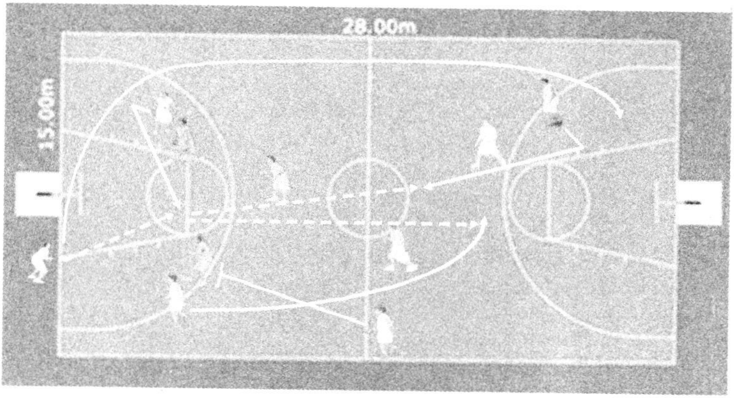

图5-22　掩护结合策应进攻“2—1—2”全场区域紧逼

篮球知识

☆突破的四种方法

1. 交叉步突破：[动作要点]蹬跨积极，转探肩保护球。

2. 顺步突破：[动作要点]蹬跨积极，转探肩保护球，第二只脚迅速积极蹬地。

3. 后转身突破：[动作要点]要控制重心，保持身体平稳。右脚向右侧后方跨出时脚尖方向要正确，左脚前脚掌内侧蹬地积极有力。

4. 前转身突破：[动作要点]转移重心，蹬地运球动作连贯。

三、人盯人防守

人盯人防守战术是运用最普遍的一种防守战术。它的特点是：以盯人为主，分工明确，针对性强，便于发挥队员的防守积极性和责任感。这也是一种富有攻击性的积极防御战术。

人盯人防守战术可分为全场紧逼人盯人和半场人盯人防守。半场人盯人防守（图 5-23）又可分为缩小人盯人和扩大人盯人防守。

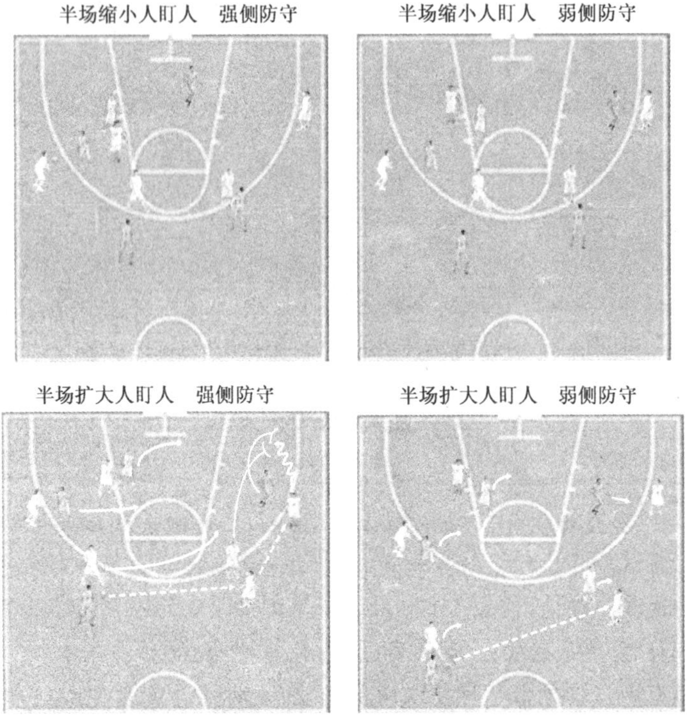

图 5-23　半场人盯人防守技术

(一) 半场人盯人防守

半场人盯人防守是指在后场进行人盯人防守的战术。由攻转守时,全队迅速退回后场,每个防守队员在盯住自己对手的同时,协助队友进行集体防守。

1. 防守的基本原则

(1) 防守时应“以人为主,人球兼顾”。

(2) 对持球队员应采用逼近防守,积极干扰对手的投篮、传球、运球与防守突破。防守位置要选择与保持为“球—我—篮”的状态。

(3) 防守不持球队员时应按照“球—我—他”的原则,根据对手距离球和球篮的远近,抢占有利位置,错位防守。对手距离球越近,防守越紧;对手远离球时,要向有球侧靠拢,以便协防和补防。

(4) 根据对方队员的身高、技术特点、进攻位置来进行防守分工,尽量做到高矮相配,实力相当。

(5) 个人防守时,在防有球队员与防无球队员之间应形成内在的联系,形成一个有机的防守整体。

2. 防守方法

半场人盯人是一种对付中远距离投篮不太准、突破和篮下攻击力较强的对手的一种防守形式。缩小盯人的防区一般在离球篮6~7米处。由于防守区域较小,有利于防守者对于篮下区域的控制。

由攻转防时,有组织、快速地退回后场,找到并防住自己的防守对手。从球进入进攻范围起,防守队员要根据“有球、无球”的原则来确定自己的防守行动准则。对有球队员只采用逼近防守;对无球队员采用球近防守近,球远防守远以及收缩保护的方法。同时,随着球的不断转移,防守队员应快速调整防守位置与防守方法。

（二）全场紧逼人盯人防守

全场紧逼人盯人防守是由攻转防时，在全场范围内立即紧逼自己防守对手的一种攻击性防守战术。

全场紧逼人盯人防守通常用于对付身材高大但灵活性差、投篮准但运球能力差的对手或用于对付全场紧逼人盯人防守经验差的对手和关键时刻突然改变战术之用。

1. 防守方法

全场紧逼人盯人防守方法可分为防守固定对手和防守不固定对手两种。防守固定对手的优点是对手明确、针对性强，但是有时找自己的防守对手不够及时。防守不固定对手的优点是就近防守，落位布阵快，但针对性差。

（1）对方掷端线界外球的防守方法

如图5-24所示，我们把它看做是休斯敦火箭队和马刺队的一场比赛。当火箭队发界外球时，马刺队采取全场紧逼人盯人防守战术。这时他们会紧防自己的防守对象，在此基础上，站在中路的吉诺比利会伺机对接球的队员进行包夹。

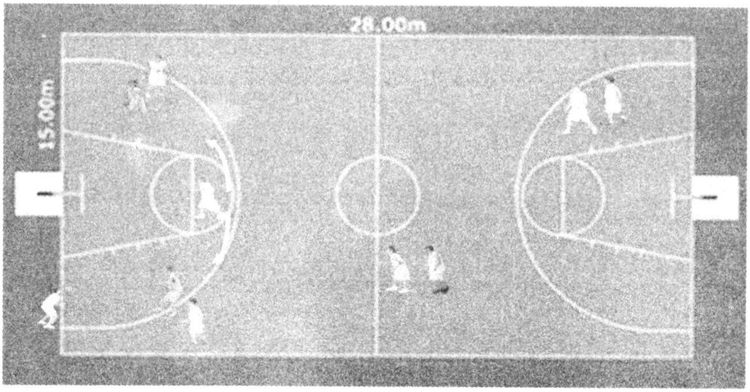

图5-24 对方掷端线界外球的防守方法

（2）投篮未中对方抢获篮板球的防守方法

如图5-25所示，我们把它看做是休斯敦火箭队和太阳队的一场比赛。麦迪投篮未中，斯塔德迈尔抢到篮板球，姚明干扰斯塔德迈尔的传球。这时纳什接应，麦迪上前阻止纳什接球，其他队员随着进攻队员快下防守。

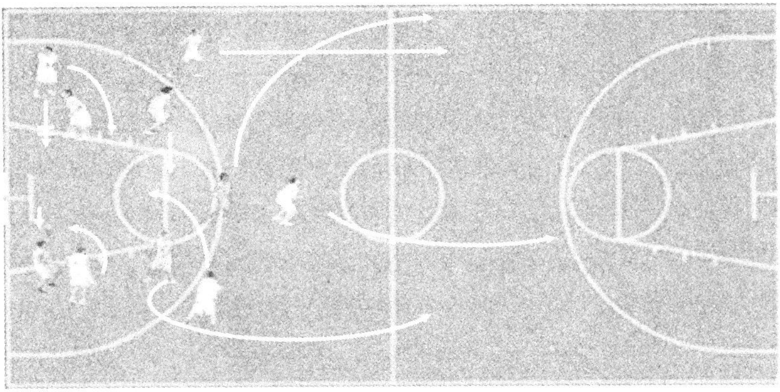

图5-25 投篮未中对方抢获篮板球的防守方法

(3) 中场紧逼人盯人防守方法：防中线附近策应配合

如图5-26所示，我们把它看做是马刺队和活塞队的一场比赛。当帕克摆脱防守接到球后，防守队员应及时跟上，这时邓肯会

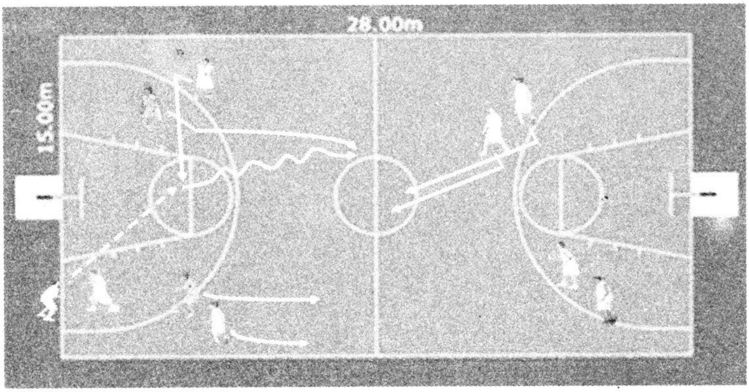

图5-26 中场紧逼人盯人防守方法：防中线附近策应配合

上提进行策应，因此华莱士必须马上跟进，防止邓肯接球，同时其他队员也要紧防自己的防守对象。

（4）中场紧逼人盯人防守方法：组织夹击与补防配合

如图 5-27 所示，我们把它看做是马刺队和活塞队的一场比赛。当帕克运球过中场时，比卢普斯尽量把他逼向中线边角处，汉密尔顿上前夹击，迫使帕克失误。这时拉希德·华莱士去补防霍利，本·华莱士去补防邓肯，普林斯去补防吉诺比利，形成轮转补防。

图 5-27　中场紧逼人盯人防守方法：组织夹击与补防配合

2. 防守的基本要求

（1）由攻转守时，全队思想要统一，行动要一致，每个队员要以先声夺人的气势，迅速找人，抢占有利的防守位置盯住自己的对手。

（2）防无球队员时，以防止对手接球为主，人球兼顾。要抢前防守，迫使对手走外线和远离球。如对方摆脱或掩护时，必须全力追防或抢过防守，尽量少换防。

（3）防持球队员时，首先要防止对方投篮或突破，要迫使对手向边线运球，并设法让他早停球。当对方停球后，要立即贴近防守，迫使他远传球，以创造断球机会。

（4）防守时，全队要有良好的配合意识，要照顾全场，前后左右要相互呼应，密切配合。远离球一侧的防守队员，可根据具体情况，大胆放弃自己的对手，及时调整防守位置，随时准备补防和伺机断球。

篮球知识

☆合法防守位置

一名防守队员已建立了最初的合法防守位置时，他应正面对他的对手，并且双脚着地。合法防守位置是从地面到天花板垂直地在他（圆柱体）上方伸展，他可将他的双臂和双手举过头或垂直跳起，但是他必须使手和臂保持垂直的姿势并在假想的圆柱体内。

第四节　指挥谋略

篮球比赛的指挥工作，是指比赛双方教练员把自己的智慧、谋略、才干运用于比赛过程中，在比赛中合理地组织、调配力量，灵活运用战略、战术，保持清醒的头脑，争取比赛主动权的全过程。

一、赛前准备工作

篮球比赛的全过程是一项复杂的系统工程，教练员必须预测比赛中可能出现的情况并进行周密的战术安排。做好赛前的准备工作，是完成比赛任务的重要保证。如果事先没有周密的计划和准备，就很难获得比赛的胜利。因而临场指挥是离不开赛前计划和准备工作的。

赛前准备的主要任务是通过调查研究，结合本队情况制定战略指导思想，确定攻守战术，采取有效的对策和方法以充分发挥本队特长，制约对方技术的正常发挥。特别是对策略战术的制定是非常重要的，它会影响到整个战局的变化。

（一）做好细致的调查研究工作

《孙子兵法》曰："知己知彼，百战不殆。"这一精辟的论断不仅阐明了事物发展的内在因素，而且揭示了只有通过调查研究才能真正做到"知己知彼"，计谋用兵，更新打法，取得比赛的主动权。

情况调查的一般方法是：通过观看对方的训练和比赛，利用比赛的统计材料以及访问曾与对手比赛过的其他队教练员、运动员来收集材料，掌握对方球队身体、技术和心理方面的能力，了解对方进攻和防守战术行动的特点，从客观中寻求主要矛盾和矛盾的主要方面，应用辩证法进行分析和研究，找出解决矛盾的方式方法，作出符合客观实际的决策，从而为夺取比赛的主动权奠定基础。

（二）比赛计划的制定

比赛计划的制定，应该建立在了解情况、调查研究的基础上，依靠客观事实，结合本队特点，有针对性地制定出战略指导思想，确定攻守战术，明确队员的具体分工、组织上场阵容和调配队员方案，并充分估计和预料可能出现的困难情况，做好应变准备。不仅如此，教练员还要学会善于抓住对方的薄弱环节，找出关键问题，把它变为对自己有利之点，达到避实击虚、扬长避短、攻其不备的战术目的，确立正确的策略思想。所以正确计划的制定，既要以客观的策略作为基点，又要符合临场的情况变化。只有这样，才能保证在临场指挥中不失时机地驾驭整个比赛的形势发展。

（三）赛前准备会

准备会的主要目的是，通过准备达到统一思想、统一认识、统一指挥、统一行动，使比赛按自己的意愿顺利发展。

准备会要简短、扼要、具体地提出比赛的任务和技术、战术要求，以及上场阵容的初步方案，做到人人心中有数。这样既保证了作战方案的实施，又有利于全队思想认识的充分统一。

二、比赛的临场指挥

进行临场指挥时，教练员应掌握和研究比赛规律，及时抓住战机，灵活运用战术，合理调配力量，适时地把握住临场战局，把临场应变贯穿于整场比赛之中，及时提出措施，争取比赛的胜利。

（一）开局

一场篮球比赛，开局是十分重要的，它是两队进行试探的过程。开局的成败，会直接影响到队员的情绪。因此，教练员应全面观察与了解对方战略战术的部署情况，注视对方的攻守特点和战局的发展变化，从而验证本队的作战计划是否正确。此时教练员应冷静观察双方攻守情况，不要因得失而产生过分激烈的情绪，以免造成开局的不利。

（二）本方领先

当本队比分占优势时，说明本队的作战计划符合实际情况。队员在实施教练员的战略意图中发挥得心应手，取得场上的暂时主动。此时教练员应及时提醒队员，不能麻痹轻敌，要密切注视对方战局的变化和对方可能采取的措施。同时，要抓住比赛的每一环节，着重观察和寻找对方的弱点，积极主动地攻击，扩大战果。

（三）本方落后

在本队比分处于落后的情况下，教练员应密切注意场上的变化，冷静地分析比分落后的原因。明确是战略上的问题还是战术上的问题，是进攻问题还是防守问题，是队员的技术问题还是心理状态问题。此时教练员应沉着冷静，做到临危不乱，从容不迫，切忌急躁、慌乱和埋怨，要尽快搞清楚处于被动的原因。根据临场双方情况，灵活地调动队员和变化战术，充分发挥每个队员的积极性，鼓励队员敢打敢拼，稳定队员的情绪，以我之长攻彼之短，打破被动局面，化不利因素为有利因素。

（四）相持阶段

此阶段教练员的决策起着决定性的作用。教练员应以极大的耐心仔细观察双方运用战略、战术的情况，应认真对待每一分、每一球的得失，鼓励队员勇于拼搏，切忌急躁紧张，更不应听之任之。要认真掌握好每一个时机，组织力量，明确攻守任务，集中优势兵力，争取先发制人，打破相持局面，以求扩大我方优势。

三、运用暂停的谋略

暂停是教练员向场上队员布置新的任务、解决场上出现的主要问题、做思想工作和解决关键问题的良好机会。暂停的时间虽然短，但其作用是不可低估的。

从比赛的开始到结束，教练员必须敏锐地洞察场上的变化，做到"视微形"。不能仅看表面现象，而应通过现象看到本质。要有预见性，不能只见事论事，更不能冷眼观战，坐等战局发展到不可收拾的严重地步再叫暂停。所以教练员能否恰当而适时地运用暂停策略进行指挥，对扭转比赛的局面起着极大的作用。

那么，在什么样的情况下可以运用暂停呢？主要在以下几种情况下可运用暂停：

（1）原定的战略计划不符合比赛情况，必须进一步改变的情况下；

（2）场上队员思想不统一，行动不协调而出现埋怨情绪和混乱状态时；

（3）发现对方攻守的薄弱环节，想改变打法，造成新的态势时；

（4）队员疲劳而无后备力量换人，无法防御对方冲击的情况下；

（5）最后阶段出现比分相持的关键时刻。

教练员运用暂停需掌握的几项原则：

(1) 运用暂停时，首先要考虑到敌我双方的利弊关系，切不可滥用暂停。

(2) 暂停时指挥要简明扼要，具体确切，着重指出攻守的主要方法，使队员明确主要矛盾、次要矛盾及二者之间的关系。

(3) 当对方叫停时，除应布置自己的战术打法外，特别需要向队员讲明对方叫停的意图和行动，做好防备工作。

(4) 教练要保留一次暂停，以备最后的关键时刻应用，或许这次暂停会扭转最后的败局。

所以说，暂停的时机选择得好，对指挥比赛往往起到很大的作用。

四、运用换人的谋略

换人在比赛中是教练重新组织力量和改变战略、战术的具体措施，是一项细致而复杂的工作。换人是否得当及时，对比赛的发展变化和胜负起着重要的作用，因而在换人问题上应多从积极的意义上来考虑，要根据对方对员的比赛状态和场上变化来组织和配备战斗力。在指挥中，只有充分了解自己队员的优点和弱点，才能保证“知人善任”，收到较好的效果。

运用换人可在以下几种情况下进行：

(1) 根据对方采用的进攻或防守方式的变化，需要调整力量，来制约其特点的发挥；

(2) 当队员发挥失常或有消极松散情绪或屡犯差错时，应迅速撤换下场；为了保存实力，培养新生力量时；

(3) 为了保留暂停次数或暂停次数已用完，可利用换人来传达教练员的意图。

运用换人时需要注意掌握的几项原则：

（1）很多战术的变化取决于队员的使用，因而教练员应掌握每个队员的特点，做到在任何情况下都能合理使用队员。

（2）换人时应考虑保存决战时的实力，这是临场指挥中很重要的一条。否则，在最后决战时，可能会因无法进行替换而导致比赛失败。

（3）在换人方面，教练员不应该过分依赖某些主力队员，要相信集体的力量，要同等信任所有队员。在比赛实践中只有大胆使用替补队员，才能充分发挥全队的积极性和战斗力。

篮球知识

☆拉里·布朗（Larry Brown）个人简介

国籍：美国　生日：1940 年 9 月 14 日

身高：1.75 米　体重：72 公斤

现任：底特律活塞队主教练

球员时代在 ABA 打过五年篮球，曾获 1969 年 ABA 冠军；三次入选 ABA 全明星阵容，1968 年当选 ABA 全明星 MVP；1976 年开始执教 NBA 球队，1976—1978 年担任掘金队主教练；1981—1982 年担任网队主教练；1988—1991 年担任马刺队主教练；1991—1992 年担任快船队主教练；1993—1996 年担任步行者队主教练；1997—2002 年担任 76 人队主教练，2001 年进入总决赛，不敌湖人队获亚军；2003 年至今担任活塞队主教练，获 2004 年 NBA 总冠军。2000 年担任奥运会美国男篮助理教练，是惟一一位曾分别以球员和教练身份代表美国参加奥运会篮球比赛的男性；2003 年 11 月至今担任美国男篮主教练，是首位带领 7 支不同球队进入季后赛的 NBA 教练，是首位分别带队夺得 NCAA 和 NBA 冠军的教练。

第六章　篮球训练的组织与管理

训练和管理篮球队是为了使球队规范有序地运行，以提高整个队伍的凝聚力与战斗力。篮球队的组织与管理是指有目的、有领导、有组织地对篮球队成员进行系统教育，它是一个确定目标、制定与实现计划、组织指导、检查协调以及反馈的过程。

第一节　训练计划的制定

一、多年训练计划

多年训练计划是一个篮球队或运动员的多年远景规划，是制定年度、阶段、周期训练计划的主要依据。

按照我国的运动训练体制和具体情况，年限可以从开始训练到出最高运动成绩之间所需的时间，或按照专项特点所确定的基础训练阶段和专项训练阶段的时间来制定。篮球运动训练期较长，适宜按多年训练的阶段制定多年计划。例如，对高水平运动队，可以按照全国运动会、亚运会、奥运会等比赛来制定多年训练计划；对于学校运动训练，根据不同学校学制的现状，多年训练的基本期限可以定为 3 ~ 6 年，训练计划应围绕“发现、培养和输送优秀篮球运动员后备力量”这个任务来制定。

多年训练计划阶段的划分及基本任务见表6-1。

表6-1　　多年训练计划的划分及基本任务

训练计划类型	时间跨度	基本任务
多年训练计划	全程性　4~10年	系统培养高水平选手
	区间性　3~6年	完成阶段性训练任务或准备并参加一轮比赛

多年训练计划时间较长，为了科学地安排训练，一般可以分为基础训练和专项训练两个阶段。

（一）基础训练阶段

基础训练阶段主要对运动员进行全面的身体训练，以促进运动员身体的发育，全面、协调地提高运动员的身体机能，发挥身体素质，为更好地取得成绩打下扎实的基础。此阶段的全年训练周期中，准备期要长一些，比赛期和修整期要短些。

（二）专项训练阶段

专项训练的主要任务是对运动员进行专项身体训练、技术和战术训练、心理训练，从而树立篮球队的风格，培养运动员的技术特长，努力创造最高的运动水平和最优异的运动成绩。这个阶段的全年训练周期中，比赛期相对要长些。

二、全年训练计划

全年训练计划是多年训练计划的基础，是一系列计划中最重要的一个计划。

（一）全年训练计划的类型

1. 单周期计划

全年训练按一个完整的大周期来组织实施时，称之为单周期计划。它包括一个准备期、一个比赛期和一个过渡期。由于只有一个比赛阶段,所以运动员只为一次重大比赛实现一次竞技状态高峰。

2. 双周期计划

全年训练按两个完整的大周期来组织实施时,称之为双周期计划。它是由两个连接在一起的短一些的单周期组成的,中间有一个不长的减量和准备阶段。运动员可用2～3个月的时间作准备,使总体竞技能力或竞技能力的某个方面发生明显的变化,并在一个半月或两个月的时间内,参加一系列的比赛,把已具备的竞技能力表现出来,再加上半个月至一个月的减量或短时间的准备阶段,总共5～7个月完成一个大周期的训练过程。

3. 多周期训练计划

按3个以上训练周期组织全年训练过程的计划,被称为多周期训练计划。它要求运动员在3个月左右的时间内,有效地提高竞技能力,并在比赛中发挥出来。其中最重要的一次应出现在最后一个周期。在三个准备阶段中,第一个应当最长。这一阶段打下的身体准备基础将一直影响以后的两个周期。

全年训练计划类型的划分及基本内容如表6-2所示。

表6-2　　全年训练计划的划分及基本内容

训练计划类型	时间跨度	基本内容
全年训练计划	单周期：6～12个月	准备并参加一次或一组重大比赛
	双周期：每个周期5～7个月	准备并参加两次或两组重大比赛
	多周期：每个周期2.5～5个月	准备并参加三次或三组以上重大比赛

(二)全年训练计划的内容和形式

全年训练计划应包括以下各项内容:

(1)说明运动员的原始情况。

（2）训练任务与指标。

（3）训练的基本内容。

（4）训练的基本手段和措施。

（5）训练周期的划分及任务。

（6）训练工作的考核和总结（考核的内容、方法、方式和时间安排）。

全年训练计划中三个时期的训练内容和比重分配如表6-3所示。

表6-3　　三个时期训练内容和比重分配表

	准备期			比赛期	过渡期
	第一阶段	第二阶段	第三阶段		
一般身体训练	40%	10%			30%
专项身体训练	10%	20%	30%	20%	10%
基本技术	50%	40%	30%	30%	40%
比赛战术		30%	40%	50%	20%
备　注					

三、阶段训练计划

（一）大周期的阶段训练计划

它同样包括准备期的训练计划和比赛期的训练计划、过渡期的训练计划。在内容和时间的安排上可以按照这三个阶段自身的规律进行。

（二）赛前中、短期集训的阶段训练计划

为准备特定的比赛，这种集训通常需要几周至两三个月的时间。在内容和计划上也具有鲜明的特点。由于是临时组队集训，

所以对队中的各队员要区别对待。对集训前一直坚持系统训练的运动员,应把这次集训当做是系统全年训练的一个组成部分;而对于没有经过系统训练的队员,应循序渐进,先以中等强度负荷为主,只有在保证有足够的时间得以恢复的条件下,才能安排强化性质的负荷;对于长期间断训练的老队员,应以适应性及诱导性的训练为主,使其渐渐地恢复。此外,在训练中应培养全队的默契感、集体感,使每个队员尽快地融入球队。

四、课时训练计划

课时训练计划是具体落实周训练计划的基本条件,是整个训练过程中最基本、最重要的组织形式,是上好课的依据和基础。上好一堂训练课的关键,首先是教练员要认真备课,其次就是教练员在实践过程中良好的组织才能。

课时计划是按照周计划安排的每次课的主要内容和负荷,并根据上一次课的实际情况来制订。课时训练计划内容包括:训练任务和要求(以防守为主或以技术、战术为主),准备活动的练习,基本部分的训练内容、组织和方法,各项练习的运动负荷和间歇,思想教育和道德意志品质的培养措施以及结束部分的活动。课时训练计划采用教案的形式编制,按课进行的顺序,表明整堂课的过程,并力求简明、清楚。

课时训练计划的划分及基本任务如图 6-4 所示。

表 6-4　　课时训练计划的划分及基本任务

训练计划类型	时间跨度	基本内容
课时训练计划	综合训练课　1.5～3小时	综合完成多项训练任务
	单一训练课　1～2.5小时	集中完成一项训练任务

第二节 篮球技术训练

篮球技术是篮球比赛中运动员为了进攻和防守所采用的专门的动作方法的总称。它是进行篮球比赛的基本手段,双方运动员都是在运用自己的技术动作在进行对抗。篮球技术也是运动员进行比赛的核心,运动员的智慧、技能、运动素质、心理素质和道德品质等都是通过篮球技术集中表现出来的,它能显示出一个运动员竞技水平的高低。篮球技术是篮球战术的基础,任何战术的完成都需要相应熟练而准确的技术动作和应变能力来保证。

篮球技术训练是指有计划、有步骤地组织运动员,通过反复的练习,掌握全面、熟练、准确、实用的动作技能和技巧的过程。篮球技术训练可大体包括基本技术、组合技术、位置技术和特长技术四个方面的训练。

一、基本技术训练

基本技术也就是我们平时所说的基本功,它是篮球动作技能中最根本、最困难和最关键的部分。它是进一步完成进攻和防守组合技术的基础。基本技术练习首先要强调的是正确的技术动作结构,并且要反复练习。有了坚实的基本功才会有更多的技术储备。基本功练习必须强调数量和质量。练任何一个动作都要有数量的要求,即有时间和次数的规定。当然,技术动作也必须要有质量,也就是各个动作都要有具体的规格要求。练习时严格要求会使自己的技能在以后的比赛中变得运用自如。

虽然我们强调技术动作的规范性,但这并不是我们的最终目的。正确地掌握各类基础动作并且能在不同条件下去完成动作才是我们的根本目的。优秀的篮球运动员无一不具备扎实的基本功,并且都能在各种条件下将这些基本技术发挥得淋漓尽致。

二、组合技术训练

组合技术训练指的是对两个或两个以上的单个技术动作进行组合训练。在组合技术训练中特别强调单个动作之间的衔接,使得动作与动作之间连贯、实用。

组合技术训练运用得好坏与诸多因素相关,比如基本技术掌握的熟练程度、身体素质、心理素质、智力水平以及篮球意识等等,还有练习中的搭配、教练员的指导都会影响组合技术练习与运用的效果和质量。因此,在训练中要特别强调个别对待,不要千篇一律地布置练习,要根据不同对象的实际水平,有侧重点地进行具体的、个别的布置,从而使运动员达到在攻守对抗中灵活运用的目的。

在组合技术训练中应注意以下几点:

(1) 组合技术训练要与基本技术训练相结合。在掌握一定数量的基本动作的基础上可合理地安排一些技术动作的组合练习。

(2) 组合动作要强调动作的合理性。动作结构要合理,动作与动作之间的衔接要合理,在完成动作组合时做到连贯、协调、有效。

(3) 组合技术动作要注意弱侧的训练,使之能“左右开弓”,只有这样才能在比赛中遇到情况时应变自如。同时要注意训练中全面与特长的结合训练,也就是在对其进行全面技术训练的基础上,注意其特长技术的发展,根据不同队员的特点对其进行专门的训练,使之成为特长技术队员。

三、位置技术训练

我们都知道,在篮球比赛中队员的位置分为中锋、前锋和后卫。不同位置的队员在比赛中的任务不一样。合理地按照位置职责去组织队员进行比赛,充分利用队员的身体条件和技术特长,发挥队员的智慧和能力,有效地组合集体的力量,对完成比赛有着重要的意义。因此根据队员不同位置的职责和要求,在全面训练的基础上,加强位置技术的训练有着重要的意义。

(一)中锋技术

中锋主要承担内线攻守的主要任务。进攻中主要承担个人得分、拼抢篮板球、组织集体配合等任务;防守不仅要会防守对方中锋,还要能协助队友防守,及时补防。

中锋技术训练主要包括以下几部分内容:

(1)移动和抢位是中锋最重要的内容。运用灵活多变的脚步动作以及合理的对抗去抢占有利位置是对一个优秀中锋的最基本要求。

(2)掌握多种近距离的投篮方式,例如转身投篮、勾手和半勾手投篮、补篮。

(3)中锋也是组织队伍进攻的枢纽,因此必须善于传球。

(4)拼抢篮板球并能迅速传出快攻一传。

(5)熟练地掌握上步、撤步、侧滑步及绕前步等技术,以便抢占有利的防守位置。

(二)前锋技术

前锋在进攻和防守中活动范围广,主要承担队内的进攻和防守任务,进攻中要求能突破上篮、外围远投、拼抢篮板球等。前锋既是球队的主要得分手,又是助攻手,因此对其要求比较全面。要求不仅身材高大还要有良好的速度、弹跳等素质,不仅技术全面还要有特长。

前锋技术训练主要包括以下几部分内容：

(1) 既要掌握中远距离投篮技术，又要掌握运球突破和空切到篮下投篮技术。

(2) 不仅会掩护，而且会为队友助攻传球。

(3) 各种摆脱防守的脚步动作，防守对方的摆脱传接球、投篮和运球突破是前锋技术的主要位置技术。

（三）后卫技术

后卫队员是比赛中的组织者和指挥者，是比赛的核心。进攻时既要善于传球给同伴创造投篮机会，又要善于中远距离投篮和持球突破篮下得分。后卫队员应沉着冷静，机智果断，有良好的观察力、判断力以及指挥才能，既能组织进攻又能个人攻击得分的后卫更适合比赛的需要。

后卫技术训练主要包括以下几部分内容：

(1) 熟练地支配球和准确、及时地传球是后卫队员必须掌握的技术。

(2) 三分球是后卫队员不可或缺的技术。

(3) 快速的启动能力和抢断球技术。

四、特长技术训练

篮球技术虽然具有规范性，但是每个人完成技术动作的方式又有所不同，这就是我们通常所说的个人风格。尤其是高水平的运动员在完成技术动作时更显示出它的不同，因此我们在训练中不能强求统一规格和模式，要注意各队员风格的养成。特长技术指的是在所有技术动作中，比较超前发展的某种技术技巧（比如投篮准、助攻好、突破能力强等）和不能被大多数人掌握的技术（比如勾手投篮等）。特长技术是优秀篮球运动员的标志，例如提到后仰投篮，我们就可以想到乔丹；提到勾手投篮，我们就可以想起贾巴尔;等等。从某种意义上说,风格的培养就是特长技术的训练。

在特长技术训练中必须解决好全面与特长的关系。特长技术应是在全面的基础上有所特长,即个别技术具有高超的技巧。因此在训练时,必须强调技术的全面提高。运动员只有掌握了全面的技术才能更好地发挥特长技术,从而显示出自我价值。

第三节　素质训练

现代篮球运动比赛的速度越来越快,身体接触频繁,对抗越来越激烈,对身体素质的要求也越来越高。没有良好的速度、耐力和力量,就不能保证在激烈的攻、防对抗中稳定地发挥个人技术、战术水平。缺乏速度、弹跳和协调性的运动员也不能在贴身攻防中争取到时间和空间上的优势。只有具备全面、良好的身体素质,才能在激烈的对抗中快速、灵活地运用动作,占据良好的位置,争取到运用技术的主动权。

篮球运动员的专项身体素质包括力量、速度、耐力、灵敏度、弹跳力以及柔韧素质,发展一种身体素质可能会对其他身体素质产生直接或间接的影响,有时可能是负面的影响,因此要有控制、有计划地安排素质训练,以促进身体素质的全面发展。

一、力量素质训练

力量素质是运动员的首要素质。力量训练是运动员身体训练的重要组成部分,是提高竞技水平的基础。

篮球运动员力量素质的训练必须与篮球技术、战术训练紧密结合,要针对篮球运动的用力特点,科学地安排运动负荷,合理发展身体各部位的力量以及不同性质的力量素质，使力量素质的发展符合篮球技战术的需要。同时，篮球运动员的力量素质具有全面的特点，在训练中不能单一地发展某种力量而忽视其他。在训练过程中，要避免手段模式化、顺序单一化，还要注意循序渐进，随着肌肉力量的增加，逐渐增加负荷量与训练强度。

二、速度素质训练

速度素质是指人体或人体某部位快速运动的能力，也就是人体或人体某一部位快速作出运动反应、快速完成动作、快速移动的能力。速度素质是篮球运动员必须具备的重要身体素质之一，是比赛中争取时间优势的重要条件，它在身体训练和篮球技术、战术训练中占有重要的地位和作用。速度素质的好坏，可直接决定和影响运动员的技术、战术水平的发挥，是竞争能力强弱与决定比赛胜负的重要因素。

在进行速度素质训练时应该注意以下几点：

（1）合理安排速度素质训练的顺序与时间。

（2）速度素质训练应结合专项训练进行。

（3）在安排各项素质训练的时候，首先应该安排速度素质的训练，目的是使运动员能在较好的体能和精神状态下完成速度练习的量和强度。

三、耐力素质训练

耐力素质是指人体长时间坚持工作或运动的能力。篮球运动是一种攻防转换极快的体育项目，没有良好的体力，不仅防守保证不了，而且在进攻时，因为消耗了一定的体力，技术根本无法发挥。因此，良好的耐力素质是一名优秀篮球运动员不可缺少的条件之一。

在篮球运动员的耐力训练过程中最为有效的方法是将长跑与速度耐力训练相结合。为了综合提高运动员的耐力,不仅要在准备期和竞赛前采用长跑和速度耐力跑相结合的方法,而且要在提高篮球技战术训练的同时,注重专项耐力训练,使篮球运动员能在比赛中经济、合理地分配体力,保持运动员长时间良好的竞技状态。在耐力素质训练过程中,要考虑运动员是否能适应训练的强度,是否会因过度疲劳而影响其他素质和技战术的训练。同时,要注意耐力素质练习形式的多样化,以免引起队员思想上的厌倦。

四、灵敏素质训练

灵敏素质是指人体在各种复杂条件下,快速、协调、准确、灵活地完成动作的能力,它是一种综合素质。灵敏素质有助于掌握、运用各种复杂技术、战术和提高场上的应变能力,对篮球抢攻战术的实施有着重要作用。对篮球运动员首先要发展其一般灵敏素质。灵敏素质是由力量、反应、速度、协调性等多种素质组合而成的,因此要加强全面身体训练。训练时要注意避免大力量练习,以免影响灵敏素质的发展。速度、柔韧、弹跳等练习对灵敏素质的练习有好的辅助作用。在训练过程中,让队员进行各种形式的比赛能锻炼队员在复杂条件下随机应变的能力。练习时还要注意结合专项特点,从培养运动员的各专项能力入手,它包括掌握动作的能力、平衡能力和节奏感等。

五、弹跳素质训练

弹跳素质是指通过下肢和全身协调用力,使人体迅速弹起腾空的能力。弹跳素质是篮球运动员的一项重要身体素质。具有良好的弹跳力在篮球比赛中对攻防技术的发挥,乃至比赛的最终胜负有着举足轻重的作用,尤其是当场上队员的身高处于均势或劣势时。

篮球比赛中弹跳运用的特点主要是及时性和不规则性。在比赛中,我们常发现,对球的争夺和控制支配都是依据临场即时出现的变化而进行的,因而起跳时不可能预先确定起跳姿势、时间和起跳的方向,这就要求运动员在瞬间的变化中合理、有效地运用起跳技术,来达到跳的目的。在争夺篮板球、抢断球、投篮、封篮时,不但要求运动员跳到一定的高度,更重要的是快而且及时,因而要求运动员在比赛中弹跳运用及时的条件下,运动员的起跳姿势就要因时而定,因临场所处的状态而定。从比赛看,起跳方式运用得最多的是原地双脚起跳、上步或急停双脚起跳、助跑单脚起跳等,具有不规则性的特点。

篮球运动员的弹跳训练应以大强度、少次数、多组数的训练为主,每一组之间要有适当的间歇。发展弹跳力必须全面协调地发展身体各部位肌肉的力量,使肌群的整体能力提高,从而有效地发展弹跳力。

六、柔韧素质训练

篮球运动既是激烈对抗又是机动灵活、千变万化的运动项目。现代篮球正朝着速度、高度、技术相互统一的方向发展。在目前的篮球比赛中,很多既高大又灵活的队员做出了高难度的空中投篮动作,如空中接球扣篮、空中转体换手投篮等新技术动作。要完成这些高难技术动作,队员除了须具有良好的速度、力量和弹跳力等素质以外,还必须具有较好的柔韧素质。发展柔韧素质对篮球技术的掌握和发挥有着积极的促进作用,与篮球运动成绩也有着密切的关系。柔韧素质是指人的各个关节的活动幅度、肌肉和韧带的伸展能力。良好的柔韧素质不仅可以提高灵活性,而且对提高力量、避免受伤都有重要的作用。常用的练习分为主动性和被动性练习(包括动力性和静力性两种形式),也可分为缓慢拉伸和爆发式牵拉两种练习方法。缓慢拉伸即拉韧带和压腿等形式的静力性练习,是指将关节韧带和肌肉慢慢拉长到一定程度并保持一段时间后还原;爆发式牵拉是指踢、摆腿等形式的动力性练习。

由于少年儿童的软组织更有利于柔韧性的发展,因此,从少儿时期开始改善关节的灵活性,提高韧带、肌腱的弹性和肌肉的伸展性,容易取得事半功倍的效果。保持和改善篮球运动员的柔韧性是一个长期而艰苦的过程,在训练中要坚持长期练习。柔韧素质训练要和其他素质训练相结合,特别是和力量素质训练相结合。

第四节 实战训练

实战训练是指临近比赛前的一段时间的训练,是巩固已取得训练成果并不断完善的重要阶段,也是进一步提高实战能力和加强薄弱环节的重要手段。实战训练主要用于赛前,它是为运动员参加比赛而作的心理准备,是对比赛对手、环境、条件等方面情况进行了解分析,以及对比赛中常见的几种场景进行模拟后,有目的、有针对性地安排的训练,其目的是增强运动员适应比赛对手及环境的能力。

实战训练是模拟比赛情况的一种训练方法,主要分为实景情况的模拟和语言形象的模拟。

实景模拟是在训练过程中创造一些与竞赛相似或与模拟对手战术打法相近的队进行比赛,组织有观众观看的小型比赛等。在赛前,要针对不同的对手、不同的场景、场上不同的比分和比赛中特定的时间进行情景模拟。这样,当比赛中出现了没有预料到的变化时(特别是在上、下半场比赛临近结束,本方已没有可以登记的暂停时),队员可以从容、自发地根据场上情况调整本队的战略战术,保证在比赛中稳定地发挥出应有的水平。在实景模拟训练过程中,模拟比赛某一时刻的训练较为重要。在篮球比赛中,经常会出现参赛双方的实力相当、难分胜负的局面,此时,根据比赛剩余时间和比分,及时采取相应的对策,对于决定比赛胜负至关重要。因此赛前设计一些有关比赛某一时刻的情景,制定一些相应的战术和策略,或者参考一些成功比赛的典型战例,建立模拟模型进行比赛训练是非常必要的。这些模拟比赛对于提高运动员的战术意识和应变能力,使运动员在比赛中从容地应付各种局面,从而取得比赛的胜利有着重要的意义。模拟某一时刻的比赛主要有模拟比分平局时的训练、模拟比分落后时的训练、模拟比分领先时的训练。

语言形象的模拟是指利用语言和形象的表象来描绘未来竞赛进行的情景,以及对手和自己的行动,还可以利用图片、照片、录像使之具体化。如对手发动快攻或在三打二的情况下,位置怎么站、如何对付等,在这些具体形象情景的刺激下,运动员的中枢神经系统形成优势印象,有利于队员心理状态的稳定。

实战训练阶段的主要任务如下:

(1) 进一步提高身体训练水平。实战训练阶段对身体素质的训练不能间断。身体训练的次数和运动量可以进行适当的调整,要以提高耐力素质为主、其他素质为辅。

(2) 进行大量的热身赛。错综复杂的篮球比赛是身体训练水平、技术战术水平、思想作风、意志品质、心理因素的试金石。有计划地进行大量的热身赛,是提高实战能力的最佳途径。同时它还能不断丰富队员的临场经验,提高应变能力和对抗能力及配合能力,从而形成全队的风格。

(3) 进行技战术补课,改善薄弱环节,不断完善战术的整体配合。对热身比赛中暴露出的问题和弱点,要采取果断的应急措施,及时地进行弥补和加强。战术的整体配合要趋向灵活、机动,明确主攻点,在配合的前提下充分发挥个人的攻击能力。防守体系要体现出积极主动和多变的攻击性,充分发挥自己的优势。

(4) 提高心理训练水平,适应实战需要。可以在各种不同的场地、环境、气候、观众条件下进行比赛,以提高队员的心理训练水平,促使队员排除一切干扰和不利因素的影响,振奋情绪,充满信心,保持稳定的心理状态和良好的竞技状态,巩固训练成果,充分做好临战的思想准备。

第七章　篮球竞赛规则及执裁方法和技巧

篮球竞赛规则是篮球竞赛的法规性文件，是参加篮球竞赛人员必须遵循的比赛规定和行为规范。随着篮球运动的不断发展，篮球竞赛规则随着篮球运动的发展变化在不断地修正和充实。无论是运动员还是教练员，只有全面理解和掌握篮球竞赛规则的精神和内涵，才能在比赛中充分发挥本队的特点和优势，争取比赛的胜利。

第一节　篮球竞赛规则

篮球竞赛规则是篮球竞赛惟一的理论依据。参赛队只有深刻地理解和掌握规则的精神和意图，才能制订好本队的技战术训练计划，以争取比赛的胜利。

一、概　述

在篮球运动的最初阶段，奈史密斯先生就拟定了 13 条简明但必须严格遵守的规则。例如：篮球是只准用手进行的运动，严禁用脚或拳触球；不准有身体接触；可以运球但不能持球跑动；等等。随着篮球运动的逐渐推广、技术水平的不断提高，篮球规则也在不断地充实、修订和完善。按照惯例，国际篮联（FIBA）每 4 年修订一次规则,如遇特殊情况,中途可能会删加规则的条款或明确条文的精神和意图,百年之久篮球运动规则的修订,尤其是近年来部分条款的重大变化,反映出一个总的发展趋势:在遵循规则的前提下保证比赛的完整性,还篮球运动初创时的独有特性。2004 年版的篮球规则第 47 条中特别提出:当判定身体接触或违例时,裁判员在每一例中应该注重和考虑下列基本原则(即三个一致性):

(1)应运用有利与无利原理的概念,不要打断比赛的流畅来处罚附带的身体接触。

(2)应运用对比赛常识的理解,并判断有关队员的能力、态度及行为。

(3)对比赛控制与比赛流畅之间保持平衡要有感知,以及宣判什么对比赛是适当的,更应有一种“感觉”。

这三条基本原则以前是被列入犯规的章节中的,现纳入裁判员职责和权力中。这说明对比赛的掌控,尤其是对无关紧要的违例、正常身体接触是否判罚赋予了裁判员更大的权力。一言以蔽之:篮球运动既具有竞技性亦有观赏性。

二、篮球竞赛的主要规则

(一)违例及其罚则

违例是指违犯规则的行为。罚则是指将球判给对方队员在最靠近发生违例的地点掷球入界。个别违例另有规定。

1. 队员出界和球出界违例

队员出界并未构成违例,只有位于场外的队员触及球或被球触及才构成违例。球出界是指队员最后使球触及了场外的任何物体,包括场外人员。

[例 1] 甲$_1$投篮时球碰到篮圈后反弹至篮板后的支架上,判甲$_1$违例。如球触及篮板上沿或边沿则继续比赛。

［例2］甲$_1$在场内跳起救抢飞向场外的球，然后将球掷在位于场内的乙$_1$身上使球出界，判乙$_1$违例。

［例3］甲$_1$掷界外球，乙$_1$封断球反弹到位于场外的甲$_1$身上，判甲$_1$违例。

［例4］甲$_1$在场内持球，被位于场外或界线上的甲$_2$和乙$_1$触及，如仅触及身体，继续比赛。如触及了球，判甲$_2$和乙$_1$违例。

［例5］甲$_1$抢断球，由于冲力太大，身体越出界外，然后快速进入场内获球，继续比赛。这种情况同样适用于运球时。

［例6］甲$_1$在比赛中球触及了位于场外的裁判员，判甲$_1$违例。

［例7］甲$_1$和乙$_1$在争球期间，如果某一队员移动到界外或他的后场，则判为跳球。

2．运球违例

运球违例俗称“两次运球”。队员在获得球后可有一次运球机会，但按拍球的次数不受限制。运球开始后只要球在队员手中停留或双手触球一瞬间，即算运球结束。在运球过程中，如球不在手上，步数不受限制（碎步），在运球的开始前和结束后漏接球不作为运球。

［例8］甲$_1$运球结束后，球被乙$_1$拍落在地，甲$_1$首先拿到球重新运球，继续比赛。

［例9］甲$_1$在接球时球从手中滑落，然后，他在原地或移动几步首先拿到球后开始运球，继续比赛，这种情况属于漏接，同样也适用于运球结束后。

［例10］甲$_1$开始运球前，试图传球，无意使球掉在地上，然后，他首先拿球。这种情况应属正常，但他不能再次运球。在甲$_1$运球结束后发生这种情况，应判甲两次运球。

［例11］甲$_1$运球时，只要不移动中枢脚，他可以用手或双手任意抛接球，然后再开始运球。

［例12］甲$_1$传球，乙$_1$拦截并将球拍落在地或为了获得球，连

续在空中挑拨，获球后开始运球，继续比赛。

［例 13］甲$_1$运球前，将球抛向篮板，并首先获得球，继续比赛。如甲$_1$在运球结束后发生这种情况，应判“两次运球”，因为队员将球抛向篮板被视为一次运球。

［例 14］甲$_1$投篮后或运、传球或漏接被其他队员触及后，甲$_1$可再次获得运球机会。

3．带球走违例

带球走俗称“走步”。场上队员一旦获得球后，他的移动就受到限制，如果超出了规则的限制，则应判为“带球走违例”。对持球队员的限制主要是如何确定中枢脚。

（1）当原地或移动/运球时双脚同时落地，任一脚都可作为中枢脚。

（2）移动运球时若两只脚分前后落地，则先着地的脚为中枢脚。

（3）单脚在原地接球跳起或在空中接球单脚着地后跳起并双脚着地，则两只脚都不是中枢脚。

当确定了中枢脚后可提起中枢脚进行传球或投篮，抬起中枢脚运球为带球走违例。在实际的比赛中，带球走违例较多发生在篮下，为躲避防守时的双脚移动，持球突破起动时的中枢脚移动。

［例 15］甲$_1$接球右脚先着地，接着左脚向不同方向跨步，然后提起右脚传球或投篮，继续比赛。做这一动作时，应注意在中枢脚落地前球必须离手。

［例 16］甲$_1$跳起投篮，遇到乙$_1$的封盖，甲$_1$持球落地或持球扔向地面并首先触及球，应判甲$_1$带球走违例。

［例 17］甲$_1$跳起投篮被乙$_1$封盖，乙$_1$将甲$_1$的球紧紧压住，随后两人一起落地，应判争球。如甲$_1$的球仅仅是被乙$_1$触及则应判甲$_1$带球走违例。

［例 18］甲$_1$抢球时跌倒在地或倒地抢到球，继续比赛。但如

果他持球滚动或试图站起来，应判甲$_1$带球走违例。

［例19］甲$_1$在运球前，将球抛过乙$_1$的身体，然后他绕过乙$_1$在空中触及球，应判甲$_1$带球走违例。如甲$_1$抛球，在球接触地面后再开始运球，继续比赛。

［例20］甲$_1$行进间上篮，球离手或双手倒球或做腰间绕环，但脚下节奏正常，继续比赛。

［例21］甲$_1$在持球移动中单脚着地，然后该脚起跳后双脚分先后着地或双脚着地后再做跨步动作，判甲$_1$带球走违例。

［例22］甲$_1$在后场运球时，附近没有防守队员，他有点小的翻腕或走步现象，裁判员应当忽略，因为这动作并没有给他带来利益，所以不必判罚而破坏比赛的流畅性。

4. 时间类的违例

时间类的违例有3秒、5秒、8秒和24秒，这些违例都是针对进攻方而定的，在2004年版的规则中这些时间类的违例有了一些新的精神及条款。

(1) 3秒钟违例

某队员在前场控制活球，并且比赛计时钟正在运行，该队队员不得在对方限制区内停留超过持续的3秒钟。掷界外球时没有3秒钟的限制。

［例23］甲$_1$持球进攻时，一脚踩在对方限制区的线上，在持续3秒钟后，他仍未投篮，判甲$_1$3秒钟违例。因为限制区的线均属于限制区的一部分。

［例24］甲$_1$掷球入界时，甲$_2$接球脱落，此时甲$_3$在对方限制区内停留超过3秒，继续比赛。因为甲队未在场内控制活球。

［例25］甲$_1$持球在对方限制区内已近3秒钟，此时他开始向篮下运球上篮，继续比赛。这种情况被规则所默许，如果他做传球动作则判3秒钟违例。

［例26］甲$_1$在对方限制区内停留3秒，此时他试图离开，继续

比赛。如他为了逃避3秒处罚，把限制区内的一脚提起，则应判他3秒钟违例。因为只有当双脚置于限制区外的地面上，才能算离开了3秒区。

［例27］$甲_1$在对方限制区内连续投篮，时间超过了3秒，继续比赛，因为每次投篮后应重新计算时间。

［例28］$甲_1$在对方限制区内停留3秒，$甲_2$在外围背对球篮运球，继续比赛。因为$甲_1$在对方篮下没有获得利益，对3秒钟违例的判罚不应过于苛刻，只有当进攻方确已获得利益时再响哨也不迟。

（2）5秒钟违例

5秒钟违例有以下三种情况：

① 持球队员被严密防守，5秒钟内没有传、运、投。

② 5秒钟内没能掷球入界。

③ 罚球队员5秒钟内没有出手投篮。

［例29］$甲_1$在场内持球，不远处有两名防守队员对其干扰，$甲_1$在5秒钟内没有传、运、投，继续比赛。因为只有对持球队员在1米之内积极防守才构成严密防守。

［例30］$甲_1$掷界外球时发现没有好的传球机会，在裁判员递交球时他没拿，裁判员将球置于他身旁地上，时间过了5秒钟，应判$甲_1$掷界外球5秒钟违例。因为掷界外球5秒钟的计算应从他可处理球时开始计算。

（3）8秒钟违例

队员在后场控制了一个活球，他的队应该在8秒钟内使球进入它的前场，前场包括中线前的场内物体及人员。

［例31］$甲_1$在端线掷界外球，$甲_2$接球不稳，球在后场滚动，3秒钟后$甲_2$抢到球开始运球，又过了5秒钟，继续比赛。这种情况不构成违例，8秒钟的计算应从该队在后场控制活球开始，控制活球与开动计时是两回事。

[例32] 甲$_1$在后场运球6秒钟时，球被乙$_1$打出界外，然后甲$_1$重新在后场掷界外球，时间过了2秒钟，判甲队8秒钟违例。这种情况8秒钟应连续计算，连续计算的情况还有同时队员受伤、争球、双方犯规等，这与24秒钟的连续计算同步。

[例33] 甲$_1$在后场传球给甲$_2$，甲$_2$运球超过了6秒钟，甲$_2$传给在前场的甲$_3$，球在空中飞行了2秒钟，应判甲队8秒钟违例，因为飞行的球未触及前场的物体及人员。

[例34] 甲队在后场控制球，当裁判员宣判甲队8秒钟违例时，而24秒钟计时器显示在17秒上，这种情况以裁判员为准。

(4) 24秒钟违例。

某队在场上控制活球时，该队必须在24秒钟内尝试投篮。投篮是指信号发出前球必须离开队员的手并且球须触及篮圈或进入球篮。

[例35] 甲$_1$投篮，球在空中时，24秒信号响之后，球直接进入球篮，中篮有效。如球触及篮圈后再进入篮内，同上述情况一样处理。这两种情况下的24秒信号应被忽略。

[例36] 甲$_1$投篮，球在空中，24秒钟信号响之后，球先触及篮板后进入球篮，判24秒钟违例。如果球触及篮板或球未碰篮圈，虽然违例已形成，但若乙队队员及时和清楚地获得控制球，信号应被忽略，继续比赛。

[例37] 甲$_1$投篮，球触及篮圈后，24秒钟信号响，这种情况属24秒钟信号误响。在比赛中，如出现24秒钟信号误响，裁判员应忽略并继续比赛，但如果出现24秒钟装置错误复位，裁判员可立即中止比赛，校正时间后将球判给先前控制球的队。

[例38] 甲$_1$投篮，球在空中下落时，24秒钟信号响，乙$_1$触及了篮圈水平上的球，判乙$_1$干涉得分违例。球在空中24秒信号响时，所有关系到干涉得分和干扰的限制都适用。

5. 球回后场违例

某队在前场控制活球后,不得使球非法地回到他的后场并首先触及。后场是指包括中线在内的后场地面和人员。

[例39] 甲$_1$在前场传球,甲$_2$接球不稳,球滚回后场被甲$_3$触及,判甲队球回后场违例。

[例40] 甲$_1$在前场传球,在乙$_1$拦截后球滚回后场,被甲$_2$触及,继续比赛,因最后使球进入后场的是乙$_1$队员。

[例41] 甲$_1$骑跨中线连续运球,判甲$_1$球回后场违例。如甲$_1$骑跨中线时恰好运球结束,他抬起前脚则判球回后场违例,他抬起后脚则继续比赛。如甲$_1$骑跨中线时,接后场传球,则继续比赛。如甲$_1$骑跨中线接、传同样跨中线的同队队员的球,则均为球回后场违例。

[例42] 甲$_1$从后场起跳,并接位于前场甲$_2$的传球,不管他落在前场、后场或骑跨中线上均判球回后场违例,因为他的位置取决于他的起跳点。如甲$_1$从后场起跳,接位于后场甲$_2$的传球无论他落在场上何处,继续比赛。

[例43] 甲$_1$在前场投篮,球碰篮圈后反弹到后场,被甲$_2$首先触及,继续比赛。只要裁判员认为是投篮,尔后又未在前场控制球,任何原因使球进入后场,甲队都可以首先触球。

6. 干涉得分和干扰违例

这种违例现象以前被统称为"干扰球",现在分为干涉得分和干扰。干涉得分是指队员触及了有可能中篮的球,当球触及篮圈后,就不存在干涉得分的概念。干扰是指队员触及球篮、篮板及篮圈而防碍或帮助球中篮。上述情况同样适用于罚球时。

[例44] 甲$_1$传球给内线的甲$_2$,当球在篮圈水平面上时,甲$_2$跳起将球扣进球篮,中篮有效,继续比赛。此时,如乙$_1$触及此球,继续比赛。干涉得分仅限制对投篮的球。

[例45] 甲$_1$投篮,当球在篮圈水平面上升时,甲$_1$跳起将球按

进球篮，中篮有效，继续比赛。此时，如果乙$_1$触及此球，继续比赛。干涉得分仅限制球完全在篮圈水平面上下落或球碰篮板后。

[例46] 甲$_1$从底线投篮，球越过篮圈，但仍在篮圈水平面上下落，甲$_2$跳起将球扣进球篮，中篮有效，继续比赛。此时，如乙$_1$触及球继续比赛。干涉得分仅限制对有可能中篮的球。

[例47] 甲$_1$投篮，球从篮圈上弹起或在篮圈上滚动，甲$_2$将球按进球篮，中篮有效，继续比赛。一旦投篮的球触及篮圈后，攻守双方不受干涉得分的限制。此时如甲$_2$或乙$_1$触及球篮或篮板则受到干扰规则的限制，甲$_2$触及，乙队掷界外球。乙$_1$触及，甲队得2分或3分。

[例48] 甲$_1$投篮，球碰及篮板后，被甲$_2$或乙$_1$触及，均判干涉得分违例。甲$_2$触及，乙队掷界外球；乙队触及，甲队得2分或3分。

[例49] 队员从下方伸手穿过球篮触球或摇动篮板和篮圈，并妨碍或使球进入球篮，都属干扰违例。

[例50] 甲$_1$投篮，球在篮圈水平面上下落或球已触及篮圈后仍有可能中篮时，此时裁判员鸣哨或一节比赛计时钟信号响，甲$_2$或乙$_1$触及球，均判违例。上述情况下可能会出现犯规等，但涉及干涉得分和干扰的所有限制都适用。

[例51] 对投篮干涉得分和干扰的举例同样适用于罚球时。对罚球时的干涉得分和干扰，进攻队员违例，由对方在罚球线延长线掷界外球。防守队员违例，进攻队得1分，并登记防守队员一次技术犯规。如果罚球的球触及篮圈后队员可以触球，同时分值也相应改变。

7. 脚踢球和拳击球违例

篮球只能主动用手触及，所以故意用脚踢或用腿的任何部位拦阻球或用拳击球都属违例，脚或腿偶然碰球不算违例。

[例52] 甲$_1$运球，不小心让球碰到了自己的脚，则继续比赛。

甲$_1$传球,球飞向正向前跑动的乙$_1$脚上,则继续比赛。甲$_1$传球给甲$_2$,乙$_1$用脚或腿拦击球,判乙$_1$脚踢球违例。裁判员在判别脚踢球违例时,只要分辨清队员是故意还是无意的,问题就迎刃而解了。

[例53] 甲$_1$传球给甲$_2$,乙$_1$跃起断球,因球速较快,乙$_1$用拳轻轻触球,裁判员应立即判乙$_1$拳击球违例。在比赛中,无论什么原因,只要队员用拳击球,即刻构成违例。

(二) 犯规及其罚则

犯规是违反规则的行为,含有与对方队员的身体接触和违背体育道德的举止。罚则是指对犯规队员进行登记,并按照有关规定进行处罚。

1. 身体接触的一般原则

(1) 圆柱体原则

每一队员在场上都拥有一个假想的圆柱体空间。它包括该队员上面的空间。圆柱体的空间是由队员体前上举的双掌、后面的臀部和双脚的外侧所构成的。通常他双脚间的距离应与他的身高成正比。

(2) 垂直原则

每一队员有权到达场上的任何位置(移动圆柱体),并拥有地面位置和垂直空间。队员可以离开他的垂直空间,但如发生不合法的接触,则由离开垂直空间的队员负责。防守队员不得将手斜放在进攻队员的上方,进攻队员不得用手臂来创造额外的空间。

(3) 合法防守的位置

一个队员最初合法的防守位置应是:面对对手、双脚着地。建立了合法防守位置的队员可以在假想的圆柱体内垂直跳起。但他的手臂应保持在圆柱体内。

(4) 防守控制球的队员

防守持球队员时不必考虑时间和距离的因素,只要防守队员一瞬间在持球队员前面建立了合法防守位置，持球队员应有准备地立即停步或改变方向。

当裁决阻挡/撞人情况涉及持球时，裁判员应运用下列原则：

① 面对对手、双脚着地建立最初的合法防守位置。

② 为保持最初的合法防守位置，可静立、垂直起跳、侧移或后移，一脚或双脚可以瞬间离地，只要不朝向持球队员。

③ 接触必须发生在躯干上，但为了保护自己，也可以在圆柱体内转身。

如符合上述条件，应认为撞人，反之则为阻挡。

(5) 防守不控制球的队员

不控制球的队员有权在场上自由移动，为此，时间和距离的因素都适用。防守队员不能过快、过近地占据在移动队员的行径路线上，使他无法停步或变向。一般应与对方队员移动的速度成正比。

(6) 腾空的队员

腾空的队员起跳后有权落回起跳点，也有权落到球场上其他的任一点，只要起跳时此通道对方队员没有占据。如果落地时由于惯性冲撞了合法防守的对方队员，他应负责。如果队员已跳起在空中，对方队员不得移动到他的身下，通常这是一起违背体育道德的犯规，也可能是取消比赛资格的犯规。

(7) 掩护(合法的和非法的)

掩护是指试图延误和阻止非控制球的对手到达希望到达的场上位置。合法的掩护在和对手发生接触时必须是静止的，并双脚着地。如在静止对手的视野之内，可以在不发生接触的情况下尽量靠近对方。反之，非法的掩护肯定是移动的，并在对手视野之外不考虑时间和距离的因素过快或过近地与对手发生接触。

(8) 阻挡

阻挡是指阻碍对方队员行进的非法身体接触。队员不能不顾球,面对对方队员阻止其行进。队员在场上可以把他的手臂伸在圆柱体外,但有队员从其身旁通过时,他必须将手移至圆柱体内,否则,一旦发生接触,就是一起阻挡或拉人犯规。

(9) 用手和(或)手臂接触对方队员

用手触及对方队员本身未必是犯规,但如果这样的接触给他带来了利益或限制了对方队员的移动自由,就属犯规。反复"戳"对方队员可能导致对手的粗野动作。进攻时用手"钩住"防守队员、"推开"对手以获得更大空间以及运球时用伸展的前臂或手阻止对手获得球,这些都是进攻队员的非法运球。

(10) 居中策应

居中策应的攻守双方都必须尊重彼此的"圆柱体",如一方利用身体的某一部分干扰对方的行动自由,则构成犯规。

(11) 背后非法防守

背后非法防守是指防守队员从对方队员的背后与其发生的身体接触。比赛中,一旦发生这样的身体接触,不管是什么原因,应立即鸣哨判其犯规。

上述处理身体接触的一般原则,可使教练员懂得如何指导运动员在比赛中合理地利用身体,避免非法接触造成无谓的犯规,并为裁判员宣判犯规提供了理论依据。

2. 侵人犯规及其罚则

侵人犯规是指队员在比赛时发生了身体接触,而且这种身体接触已违犯了上述一般原则的有关规定。发生了侵人犯规均应进行登记,罚则如下:

(1) 如果被侵犯的队员未做投篮动作,就由被侵犯的队在犯规的就近点掷界外球继续比赛。

(2) 如果被侵犯的队员在做投篮动作且投中则得分有效,再判给一次罚球;如果未投中则应视其投篮地点的不同判给2次罚球或3次罚球。

(3) 在每节比赛中,某队犯规累计达到4次,随后发生的队员犯规均判给被侵犯的队员罚球2次(控制球队犯规不执行罚球)。

(4) 在比赛计时钟或24秒钟响之前或几乎同时响时,队员犯规,尔后投篮成功,中篮无效,应判给2次或3次罚球。

比赛休息期间发生的所有全队犯规被累计在随后一节内;在决胜期内发生的所有全队犯规应累计在第四节内。

3. 其他犯规及其罚则

(1) 双方犯规

双方队员几乎同时发生侵人犯规。罚则为对每一犯规队员进行登记,不判给罚球。比赛按下述方式进行:如果发生在投篮或罚球得分有效时,则由非得分队从端线掷球入界;如果某队正控制球或拥有球权,则由该队在就近点掷界外球;如果双方均未控制球,一次跳球情况发生。

(2) 违背体育道德的犯规

根据裁判员的判断,一名队员超越了规则的精神和意图,不合法地发生接触犯规,则是违背体育道德的犯规。违背体育道德的犯规通常表现为:对人不对球并发生接触;抢球时动作过大(严重犯规)。

违背体育道德犯规的罚则如下:

① 登记一次违背体育道德的犯规。

② 对未做投篮动作的队员犯规,判给被侵犯队员2次罚球加1次中线处掷界外球。

③ 对做投篮动作的队员犯规,如投中则有效并追加一次罚球和中线处掷界外球;如未投中,应判给2次或3次罚球和中线处掷界外球。

(3) 取消比赛资格的犯规

任何恶劣的违背体育道德的行为都属于取消比赛资格的犯规。如一名队员被登记了2次违背体育道德的犯规或教练员由于自身的原因被判2次技术犯规均为取消比赛资格的犯规。罚则与违背体育道德的犯规罚则相同,并令其回休息室或离开体育馆。

(4) 特殊情况下的犯规

在违反规则后的死球期间发生了一起或多起犯规,属于一种特殊情况,应按下列原则处理:

① 登记犯规。

② 双方获得的罚则相同可以抵消。

③ 如罚则不同,应按犯规发生的次序判罚和执行。先前的罚则中如有掷界外球则自动取消。

④ 如双方球队罚则相互抵消后,没有留下其他要执行的罚则,比赛按原有顺序重新开始。

(5) 打架

参与打架的队员将被取消比赛资格。在打架或可能导致打架的情况下,除了教练员和助理教练员为了协助裁判员维持或恢复秩序可离开球队席区域外,其他坐席人员离开球队席区域的话将被取消比赛资格。发生此类事件只登记教练一次技术犯规("B"),所有取消比赛资格的犯规不计入全队犯规次数。处理完毕,比赛则按打架前的原有顺序进行。

(6) 技术犯规

队员、替补队员、教练员、助理教练员和随行人员都必须符合体育道德和公正竞赛的要求,他们应尊重对手、观众并与裁判员真诚地合作,任何漠视裁判员的言行或不正当、不道德、不礼貌的行为都将被视为技术犯规。十分恶劣的技术犯规将被取消比赛资格,技术犯规不包括身体接触。

技术犯规的罚则如下:

① 登记一次技术犯规。

② 判给对方任一队员2次罚球及随后在记录台对侧中线处掷界外球。

③ 如判队员技术犯规,则累计在全队犯规内;如判替补席上出现技术犯规,则不累计在全队犯规内。

(三) 篮球竞赛规则中的其他相关规定

对下述有关规定的了解将有助于对篮球规则的全面理解,并对指导我们怎样去打篮球和怎样执法篮球比赛有着重要的意义。

1. 队员和裁判员的位置

队员的位置是由他所接触的地面来确定的。当队员跳起在空中时,他的位置仍旧是起跳前的地面位置,这包括场上的各条界线。裁判员位置的确定同队员位置的确定是一样的。当球触及裁判员时,如同触及裁判员所在地面一样。

2. 跳球和交替拥有

为了保证比赛的流畅性及连贯性,现行规则明确规定:比赛只有一次跳球,即在第一节开始时,余下所有的跳球情况都执行交替拥有规定,这也包括第二、三、四节及决胜期比赛的开始时。当第一节跳球后,如球被甲队获得,交替拥有箭号应立即指向乙队进攻方向,尔后发生了跳球情况,则把球判给乙队。此时,交替拥有箭号即指向甲队进攻方向,如此循环。

跳球情况发生后,持有交替拥有球权的队在就近点掷界外球;一节或决胜期开始时,持有交替拥有球权的队在记录台对面的中线处掷界外球。

3. 控制球

当某队一名队员持着、运着或可处理一个活球以及球在该队队员之间传递时,为某队控制球。

当球被对方队员获得、球成为死球以及在投篮或罚球中球已离开队员的手时,为某队控制球结束。

4. 投篮动作

投篮动作是指队员手中持球,尝试通过投、拍或扣向对方球篮。做投篮动作时队员的手臂或身体应有一个向上的运动。如果队员跳起投篮,球已离手后,投篮动作一直延续到该队员双脚着地。投篮从开始到结束应被认为是一个完整的连贯动作,队员跨步或响哨后再做投篮尝试不应视为投篮动作。

5. 要登记的暂停和替换

教练员或助理教练员因战术安排等情况而请求中断比赛是一次要登记的暂停。每次暂停的时间为1分钟。每队在第一半时的任何时间可有2次要登记的暂停;在第二半时的任何时间可有3次要登记的暂停。每一决胜期有1次要登记的暂停机会。

在罚球队员或掷界外球队员可处理球时,只要裁判员响哨球成死球或对方投篮得分,某队就可请求一次要登记的暂停。在罚球队员或掷界外球队员可处理球时,暂停只能在下一次死球期被允许。暂停请求必须由教练员或助理教练员提出。

替换是指替补队员请求替换场上队员(换人)。替换不受次数的限制,只要裁判员响哨球成死球或第4节和每一决胜期的最后2分钟内对方投篮得分,某队就可请求替换。在罚球队员或掷界外球队员可处理球时,替换只能在下一次死球期被允许。如果是替换罚球队员,在最末一次罚球中篮后可以被替换。替换请求必须由替补队员提出。

第二节　篮球竞赛执裁方法和技巧

篮球竞赛执裁方法和技巧简称裁判法,其实质是如何执行规则条款和精神的工作方法。准确地掌握裁判法对一场比赛的顺利进行起着至关重要的作用。

一、比赛前的准备工作

（一）开好准备会

裁判员应按比赛规定时间提前到达场地，注意自己的着装和仪表，并与同伴开好准备会。两裁判应认真研究规则的最新变化，分析比赛队的情况，商定在各种情况下的分工配合和联络方法等。

（二）做好准备活动

进行各种跑跳练习和伸展运动，以防止受伤和降低受伤的危险程度，使体力、精力和心理都处在最佳状态。

（三）比赛前的工作

两裁判必须在比赛开始前 20 分钟和第二半时开始前 5 分钟一起到达比赛场地，站在记录台对面的位置观察和管理两队的准备活动，开始行使权利。主裁判检查场地、器材设备，选择比赛用球。

赛前 10 分钟主裁判应确保双方教练员在记录表上签字并指明开始上场的 5 名队员。赛前 6 分钟，两裁判员移至记录台一侧。主裁判应通知所有队员停止练习，回球队席。记录台向观众介绍运动员、教练员和裁判员后，主裁判鸣哨并以手势表示离比赛开始还有 3 分钟。在离比赛还有 1 分 30 秒时，主裁判应鸣哨通知所有队员停止练习并回球队席区域。主裁判核实每一位队员都已做好比赛准备后，与副裁判员握手祝愿，然后持球入场并与双方场上队长握手以示确认。

二、比赛开始时的分工配合

（一）每节开始前的管理

主裁判在第一节开始时进入中圈执行跳球和在其他节管理掷球入界前，应用“拇指向上”的手势与副裁判员联络，确定一切准备就绪后才进行抛球和掷球入界。

在第一节开始时，副裁判员应站在记录台一侧的中线处，举臂准备做出开表的手势以及随后的移动。

在其他节的掷球入界时，主裁判员应站在记录台对侧位于掷球队员的后场，副裁判员则位于对面罚球线延长线处。

（二）抛球及裁判员的移动

抛球应在两名跳球队员之间，球应垂直向上，高度应视队员实际能力，抛球后主裁判应静止，更不要后退，他必须是追踪裁判。当球被某一跳球队员拍击时，副裁判应做出开表手势，不管球朝哪个方向进行，他应位于球的前端，他必须是前导裁判。

三、球场裁判员的分工合作

（一）执裁技巧

裁判员的眼睛应不停地移动，争取覆盖整个场地，要时刻关注所有队员的所处位置。若一名裁判员注视持球队员及防守持球队员的情况，另一名裁判员则应注视无球区队员的情况。当两名裁判员同时鸣哨时，应由靠近违例或犯规点的裁判员作出宣判。两名裁判员具有同样的权威，合作和配合最为重要。

（二）半场区域划分和分工

为了明确两名裁判员的责任，每个半场假定划分为①至⑥6个区域。

1. 追踪裁判

当球在①、②、③区和⑥区的三分投篮区时，追踪裁判应位于球的左后方3～5米处，负责观察球周围的情况，尤其是观察队员运球、投篮或传球及防守他们的队员。当球在④区时，他主要负责无球区域，特别是弱侧低策应区，并注意可能发生的非法掩护。当球在⑤区和⑥区二分投篮区时，他与前导裁判共同负责有球区域。

此外，追踪裁判还应观察球的飞行情况，判断是否中篮，对比赛终止或发生 24 秒钟违例作出判断，负责做出得分手势等。

2. 前导裁判

在比赛中前导裁判应尽快地移动并总是位于比赛的前方，在到达端线后，应在其左侧的三分线和右侧的限制区远边之间正常移动。当球在①、②、③区时，他主要负责观察无球区域，注意限制区附近为抢占位置而发生的身体接触。当球在④区时，前导裁判应负责观察球周围的情况，尤其是向篮下突破时攻、防的身体接触。当球在⑤区和⑥区二分投篮区时，他与追踪裁判共同负责有球区域，在所有投篮或一对一的情况下，前导裁判应注视防守队员。

（三）球出界与掷界外球时的分工合作

前导裁判负责端线及其左侧的边线；追踪裁判负责中线及其左侧的边线。球出界由负责该线的裁判员鸣哨宣判。除球中篮以外，其余掷界外球均须由裁判员递交球。在前导裁判员左侧边线罚球线的延长线至端线之间掷界外球时，应由前导裁判递交球；在边线的其他地点掷界外球时，应由追踪裁判递交球。

在比赛场地的两角和罚球线的两端所形成的梯形内发生违例，都应在最靠近端线的地点掷界外球，正好位于篮板后面的地方除外。

当掷界外球在前导裁判左侧的场角和篮板近边之间进行时，他应用左手将球递交给队员，然后向限制区/球篮迈出 1 ~2 步。当掷球入界在前导裁判右侧的场角和篮板远边之间进行时，他应将球抛向或反弹给队员。

负责递交球的执行裁判应观察掷界外球队员是否违例和做开表手势，配合裁判应选择“监控”位置。两名裁判应时刻建立目光联系，必要时给予帮助。

（四）投篮时的分工合作

当投篮的球在空中时，追踪裁判负责观察球的飞行、攻守双方干涉得分和干扰违例。如果球进入球篮，他就必须向记录台做出得分的手势。但涉及犯规时，应由宣判犯规的裁判员决定中篮是否有效。前导裁判负责观察有无犯规等离开球的情况。

追踪裁判负责给所有的三分试投做出手势，如果三分试投中篮，他就应该做出三分试投成功的手势。做这个手势时，他没有必要面向记录台。在④区出现三分试投时，前导裁判应做出三分试投的手势协助追踪裁判。如果队员投篮时脚踩到了三分线，追踪裁判就应用两根指向记录员指示。

（五）宣判犯规时的分工配合

当一名裁判员鸣哨并做出犯规停表手势后，应跑向距记录台6～8米处并停下，用清楚而慢的规定手势报告犯规队员的号码、犯规的类型及罚则。另一裁判员先不急于去拿球，应站在原地不动以监控场上队员。每次宣判犯规后，两裁判员原则上应交换位置，但在以下两种情况下他们不必交换位置：

（1）前导裁判宣判了进攻队员犯规。

（2）追踪裁判宣判了防守队员犯规。

当发生两裁判员几乎同时鸣哨时，他们应立即建立目光联系，如是判同一起犯规，则由最靠近的裁判员或比赛朝其运动的裁判员来宣判。

（六）罚球时的分工配合

当宣判犯规需要罚球时，追踪裁判移至三分线与罚球线的延长线交接处，并举起手臂表示罚球次数。同时要负责观察罚球队员以及面对他的非罚球队员是否违例、默计5秒钟、注视球的飞行和确认罚球是否有效。前导裁判持球在篮下站住并管理所有的罚球。当队员们正确占位后，他应该注视记录台有无暂停或换人请求，然后再进入限制区向队员表明罚球的次数，接着他将球反弹给罚球队员，退至端线后限制区延长部分的两侧。最末一次罚球后，他应向右迈一步，以便更好地观察抢篮板球的动作。他主要负责观察限制区对面一侧的队员是否违例。

（七）暂停和换人时的分工配合

请求暂停时，最靠近记录台方向的裁判员鸣哨并做出暂停的手势，然后两裁判员移到记录台对侧罚球线的延长线处，观察双方队员、替补席并与记录台保持目光接触。如果这是某队半时中最后一次暂停，主裁判应通知该队教练员。暂停结束后，两裁判员应回到他们原先的位置。

记录台发出替换的信号后，最靠近记录台的裁判员鸣哨并做出替换手势，招呼新的队员进场。一旦替换完毕，比赛应尽快重新开始。

（八）全场紧逼时的分工配合

在紧逼防守中，当有 3 名或更多的防守队员在对方的后场时，前导裁判不要急着跑向端线，他应留在边线处，以便协助追踪裁判观察。球进入前场后，前导裁判再移至端线的正常位置。追踪裁判应根据需要尽量靠近比赛区，仔细观察可能发生的犯规或违例。

四、比赛结束时的程序

当比赛计时钟发出比赛结束的信号时，两裁判员应互相握手致意并一起走向记录台。通常情况下，两裁判员应与双方教练相互握手，对比赛的愉快合作表示感谢。同时还应与记录台人员和技术代表握手，感谢大家的共同努力。

助理记录员、计时员、24 秒计时员和记录员签字后，记录表由主裁判审核，然后由副裁判签字，最后由主裁判签字，至此裁判员的职责结束。两名裁判应同时离开比赛场地。

第八章　国内外篮球重大赛事

国际上的重大篮球竞赛活动除奥林匹克运动会篮球赛和世界篮球锦标赛以外，还有传统的欧洲、亚洲、非洲、南美洲、中美洲、欧美运动会等地区性的篮球赛，以及世界大学生、中学生运动会篮球赛，世界军队和世界俱乐部篮球锦标赛等。国内的重大篮球竞赛活动除 CBA 联赛外，还有大学生篮球联赛，如中国大学生篮球联赛（CUBA）和大学生男子篮球超级联赛。

第一节　国际篮坛重大赛事

一、世界篮球锦标赛

世界篮球锦标赛是国际篮联主办的世界性比赛。男女篮球赛均为每四年举行一次，它与奥运会篮球赛穿插进行。男子比赛始于 1950 年，至今已举行过 14 届；女子比赛始于 1953 年，至今也举行过 14 届。

为了保证世界锦标赛的比赛质量，使真正的强队能够参加比赛，国际篮联还规定：主办国出一个队，加上上届世界锦标赛和奥运会篮球赛的前三名，总共 7 个队可以直接参加决赛。其他队的参加办法是：分布在欧、亚、非、北美、中美、南美、大洋洲的 7 个地区会员组织，经过比赛各产生 1 个洲际冠军队，获得参赛资格。但如果洲际冠军队是可以直接参赛的队，那么可以让该地区的亚军队参加。所以通常参加世界篮球锦标赛的队为14个队。总之,参加世界篮球锦标赛是件很不容易的事情,世界各国争夺世界篮球锦标赛的参赛资格是相当激烈的。

世界篮球锦标赛的比赛办法:东道国可以直接参加前八名的决赛阶段的比赛,其他队分为3个小组进行预赛。采取单循环制,各组前两名进入决赛阶段的比赛,争夺第一至第七名;预赛的各组第三、第四名进入争夺八名以下的名次比赛。决赛阶段7个队也进行单循环赛,但预赛成绩带入决赛阶段,排出名次后由名列第一和第二的两个队再赛一场,决出冠、亚军。

国际业余篮球联合会1948年在伦敦奥运会篮球赛期间举行代表大会,作出了举办世界男子篮球锦标赛这一世界篮坛梦寐以求的决定。国际篮联中央局在1950年首届锦标赛期间,还作出了设立詹姆斯·奈史密斯杯为世界冠军杯的决定,以纪念这位篮球发明人。首届比赛在阿根廷举行,并且阿根廷队获得冠军。随后篮球的技术、战术水平不断提高,出现了大批身高2米以上的高大队员,高度成为决定篮球比赛成败的重要原因。在世界篮球锦标赛上,进攻与防守均衡发展,攻守对抗日趋激烈,并向高空发展,各队普遍重视地面与空间、高度与速度、进攻与防守的统一,队员技术趋于全面,形成了欧洲、美洲、亚洲三大不同的篮球流派和打法,这些都在世界篮球锦标赛上表现得淋漓尽致。1994年,美国职业篮球队首次参加世界篮球锦标赛就获得了冠军,“梦二队”的绝佳表演,融竞技化、智谋化和艺术化于一体,标志着现代篮球发展的新趋势。一直以来,世界篮球锦标赛的冠、亚军始终由欧美洲国家轮流占据,直到2002年第十四届男篮锦标赛上才显出欧洲、南美与NBA的差距在逐步缩小。美国“梦五队”仅获第六名,南斯拉夫与阿根廷分获冠、亚军。其人员配置合理,斗志高昂,并巧妙融合了“高、大、全、”和“小、快、灵”的打法,娴熟的配合、出色的个人技术、快速的攻防节奏和超强的对抗代表了当代篮球运动的发展潮流。截至2002年,在世界篮球锦标赛上苏联队共获得3次冠军,南斯拉夫队5次,美国队3次,巴西队2次,阿根廷队1次。

20世纪80年代到90年代初,中国篮球在世锦赛上取得了骄人的成绩,但到90年代末,由于种种原因,中国篮球队成绩有所下降,与世界强队的差距不断加大。中国男子篮球队代表亚洲参加世界锦标赛的时间和所取得的成绩见表8-1。

表8-1　　历届男篮世界锦标赛前三名

时间(年份)	届次	承办国家	第一名	第二名	第三名	备　注
1950	第一	阿根廷	阿根廷	美国	智利	
1954	第二	巴西	美国	巴西	菲律宾	
1958	第三	智利	巴西	美国	菲律宾	
1963	第四	巴西	巴西	南斯拉夫	苏联	
1967	第五	乌拉圭	苏联	南斯拉夫	巴西	
1970	第六	南斯拉夫	南斯拉夫	巴西	苏联	
1974	第七	波多黎哥	苏联	南斯拉夫	美国	
1978	第八	菲律宾	南斯拉夫	苏联	巴西	中国第十一名
1982	第九	哥伦比亚	苏联	美国	南斯拉夫	中国第十二名
1986	第十	西班牙	美国	苏联	南斯拉夫	中国第九名
1990	第十一	阿根廷	南斯拉夫	苏联	美国	中国第十四名
1994	第十二	加拿大	美国	俄罗斯	克罗地亚	中国第八名
1998	第十三	希腊	南斯拉夫	俄罗斯	美国	
2002	第十四	美国	南斯拉夫	阿根廷	德国	中国第十二名

世界女子篮球锦标赛始于1953年,每四年举行一届。到2002年止,世界女子篮球锦标赛已举行了14届,除了巴西在1994年第十二届获得冠军外,苏联队和美国队垄断了其余13届冠军,

其中苏联队 6 次夺魁，美国队 7 次摘冠。此外，还有 13 个国家和地区的代表队夺得过奖牌。参加比赛的队数和资格基本上与男子篮球锦标赛相同。第一届世界女子篮球锦标赛于 1953 年 3 月 7 日至 22 日在智利圣地亚哥举行，参加这届锦标赛的球队绝大多数为美洲球队。比赛分三组进行，获小组前两名的队进入决赛。决赛中不带预赛成绩，按单循环方式进行。各队水平普遍较低，但争夺却较为激烈，其中巴拉圭队在和古巴队比赛时，经过了三个加时赛才以 69：59 的比分获胜，并创造了这届锦标赛一场比赛的最高得分。瑞士队以 17：5 的比分战胜古巴队，成为迄今为止女篮史上得分最低的一场比赛。美国队夺得了首届冠军，智利队和法国队分列亚军和第三名。到了第二届，比赛队伍增加到 12 支，其中苏联队、捷克斯洛伐克队、匈牙利队和澳大利亚队首次参赛，给世界锦标赛带来了生气，加剧了比赛争夺的激烈程度。苏联女篮自 1959 年以来一直独霸世界女子篮坛，只要它参赛，冠军非它莫属，而且实力与其他队相比，明显地高出一大截。而从第八届世锦赛开始，苏联队受到崛起的美国队的强有力冲击，美国队取代了苏联的霸权地位，到第十四届世锦赛，美国队始终代表着世界女子篮球的最高水平。

中国女篮 1983 年在第九届世界女子篮球锦标赛上曾获得铜牌，随后又在第十届锦标赛上获第五名，第十一届锦标赛上获第九名，第十二届锦标赛上获第二名，第十三届锦标赛上获第十二名，特别在 2002 年，中国首次举办世界女篮锦标赛（第十四届），中国女篮进入了世界六强的行列，韩国女篮跻身四强，标志着亚洲女篮运动的复苏。历届女篮世界锦标赛成绩详见表 8-2。

表 8-2　　　　历届女篮世界锦标赛前三名

时间(年份)	届次	承办国家	第一名	第二名	第三名	备　注
1953	第一	智利	美国	智利	法国	
1957	第二	巴西	美国	苏联	捷克斯洛伐克	
1959	第三	苏联	苏联	保加利亚	捷克斯洛伐克	
1964	第四	秘鲁	苏联	捷克斯洛伐克	保加利亚	
1967	第五	捷克斯洛伐克	苏联	韩国	捷克斯洛伐克	
1971	第六	巴西	苏联	捷克斯洛伐克	巴西	
1975	第七	哥伦比亚	苏联	日本	捷克斯洛伐克	
1979	第八	韩国	美国	韩国	加拿大	
1983	第九	巴西	苏联	美国	中国	
1986	第十	苏联	美国	苏联	加拿大	中国第五名
1990	第十一	马来西亚	美国	南斯拉夫	古巴	中国第九名
1994	第十二	澳大利亚	巴西	中国	美国	中国第二名
1998	第十三	德国	美国	俄罗斯	澳大利亚	中国第十二名
2002	第十四	中国	美国	俄罗斯	澳大利亚	中国第六名

二、奥林匹克运动会篮球赛

奥林匹克运动会每四年举行一次，起源于美国。如因故不能举行，届数照算，包括男、女篮球赛。奥运会男子篮球赛始于1936年第十一届奥运会，截至2004年已举办了16届。参加比赛的有12个队，参赛资格为：上届奥运会篮球赛的前三名，东道国，北美洲、中美洲、南美洲、大洋洲、亚洲、欧洲、非洲的冠军队及世界性选拔赛的第一名。

球迷在奥林匹克运动会上首次欣赏到篮球比赛，是在1936年在柏林举行的第十一届奥运会上。对于现代篮球来说，这是一个重要的里程碑。现任国际业余篮球联合会秘书长波·斯坦科维奇也曾说过，1936年在篮球史上应大书一笔。来自北美洲、南美洲、亚洲、欧洲和非洲的21支球队参加了这届奥运会的篮球比赛，成为柏林奥运会团体比赛项目中参赛队伍最多的比赛项目，从而表明，篮球运动已在世界范围内得到了普及和发展。

美国在奥运会篮球史上居于始创地位。美国篮坛重视奥运会篮球比赛胜于世界锦标赛，每届均派出全国最强阵容参赛。到2004年雅典奥运会为止，美国男篮除因抵制而未参加1980年莫斯科奥运会外，共获得12次冠军，1次亚军，2次第三名。苏联男篮1952年首次在赫尔辛基奥运会上亮相，除第二十三届奥运会外，截至第二十四届，均进入前三名，共获1次冠军、4次亚军和3次第三名。此外，南斯拉夫男篮夺得过1980年莫斯科奥运会冠军、1968年墨西哥城奥运会和1976年蒙特利尔奥运会两届亚军、1984年洛杉矶奥运会第三名、1988年和1996年两届奥运会亚军。2004年8月，阿根廷队于28日深夜以84：69的比分战胜意大利队，第一次夺得奥运会男篮比赛金牌，中国男子篮球队获得第八名。

美、苏男篮相争是奥运会篮球比赛中最为引人注目的。双方曾五次在决赛中争夺冠军，结果美国队四胜一负。蝉联头七届冠军的美国队在1972年慕尼黑奥运会男篮决赛中，以1分之差、(49∶50)败给苏联队而第一次失去冠军奖杯。这一失利是当时记录台计时出现严重错误造成的。美国队为此一直不服气，甚至拒绝接受银牌并向国际业余篮球联合会提出了抗议。1976年蒙特利尔奥运会上，美国队虽然夺回了奥运会冠军称号，但因未能与苏联队相遇而怨气不消。苏联队在半决赛中，出乎人们意料地负于南斯拉夫队而失去了决赛权。此后，美、苏又分别抵制了1980年莫斯科奥运会和1984年洛杉矶奥运会。

奥运会女子篮球赛于1976年加拿大蒙特利尔第二十一届奥运会才被列入正式比赛项目，比男子篮球赛列入奥运会比赛项目整整晚了40年。至2004年已举行了8届。1931年国际篮联决定：奥林匹克女子篮球赛比赛队为8个，参赛资格为：上届奥运会篮球赛的前三名、举办国、世界性选拔赛的前四名。在参赛的各路劲旅中，美国和苏联两国的男、女奥林匹克篮球队实力最强，几乎主宰着每届奥运会的篮球比赛。中国女篮队参加了1984年5月在古巴举行的奥运会女篮预选赛，获得第一名；同年7月在第二十三届奥运会女篮比赛中荣获第三名；1988年、1992年分别参加了第二十四、二十五届奥运会女篮赛，成绩为第六名和第二名。

奥运会女子篮球赛争夺十分激烈。苏联女篮“鹤立鸡群”，先后赢得1976年和1980年两届奥运会冠军，1992年独联体获得冠军。1984年，苏联女篮未参加洛杉矶奥运会，冠军被后来崛起的美国女篮夺取。自从1986年在莫斯科举行的第十届世界女子篮球锦标赛决赛中美国女篮击败苏联队夺得冠军后，就结束了苏联女篮独霸篮坛20多年的历史。

2004年第二十八届奥运会有12个队参加。每个协会每个项目最多1个队参赛。2004年雅典奥运会的篮球比赛在两个场地举行，历时15天，从8月14日至28日。预赛和淘汰赛在前11天里举行，比赛在可以容纳15000名观众的室内体育馆里举行，而四分之一决赛、半决赛和决赛在雅典奥林匹克体育中心举行。最终派出了最优秀球员的美国女篮以74：63的比分击败澳大利亚队，卫冕成功。中国女子篮球队通过比赛受益匪浅，获得第九名。历届男、女篮奥运会成绩详见表8-3、8-4。

表8-3　　历届奥运会男篮前三名一览表

时间(年份)	届　次	举办国家	第一名	第二名	第三名	备　注
1936	第十一	德国	美国	加拿大	墨西哥	
1948	第十四	英国	美国	法国	巴西	
1952	第十五	芬兰	美国	苏联	乌拉圭	
1956	第十六	澳大利亚	美国	苏联	乌拉圭	
1960	第十七	意大利	美国	苏联	巴西	
1964	第十八	日本	美国	苏联	巴西	
1968	第十九	墨西哥	美国	南斯拉夫	苏联	
1972	第二十	联邦德国	苏联	美国	古巴	
1976	第二十一	加拿大	美国	南斯拉夫	苏联	
1980	第二十二	苏联	南斯拉夫	意大利	苏联	
1984	第二十三	美国	美国	西班牙	南斯拉夫	中国第十名
1988	第二十四	韩国	苏联	南斯拉夫	美国	中国第十一名
1992	第二十五	西班牙	美国	克罗地亚	立陶宛	中国第十二名
1996	第二十六	美国	美国	南斯拉夫	立陶宛	中国第八名
2000	第二十七	澳大利亚	美国	法国	立陶宛	中国第十名
2004	第二十八	雅典	阿根廷	意大利	美国	中国第八名

表 8-4　　　　　历届奥运会女篮前三名一览表

时间(年份)	届次	举办国家	第一名	第二名	第三名	备　注
1976	第二十一	加拿大	苏联	美国	保加利亚	
1980	第二十二	苏联	苏联	保加利亚	南斯拉夫	
1984	第二十三	美国	美国	韩国	中国	首次参赛
1988	第二十四	韩国	美国	南斯拉夫	苏联	中国第六名
1992	第二十五	西班牙	独联体	中国	美国	
1996	第二十六	美国	美国	巴西	澳大利亚	中国第九名
2000	第二十七	澳大利亚	美国	澳大利亚	巴西	中国没能进入决赛
2004	第二十八	雅典	美国	澳大利亚	俄罗斯	中国第九名

三、世界大学生运动会男女篮球赛

由国际大学生体育联合会主办、只限大学生参加的世界综合性运动会，素有“小奥林匹克”之称，但比赛规模、运动水平均小于和低于奥林匹克运动会。1923 年，在法国多尔举行了最早的一次国际性大学生运动会。以后，相继在华沙、罗马、多特蒙德、都灵、布达佩斯、巴黎、摩纳哥进行过这类比赛。第二次世界大战期间中断，1947 年恢复。1957 年，为庆祝法国全国学联成立 50 周年，在巴黎举行了国际性的大学生运动会和国际文化联欢节。与会的 30 个国家代表一致同意，以后定期举行世界大学生运动会，原则上每两年一届。1959 年在意大利举办第一届。东道国有权再增加一项比赛项目。1957 年，中国参加了巴黎国际性大学生运动会的篮球赛。1959 年，中国派队参加了第一届世界大学生运动会部分田径项目比赛。从 1961 年第二届至第八届，中国均未派队参加。1975 年，中国被接纳为国际大学生体育联合会正式会员。此后，历届大学生运动会中国均派队参加。中国大学生男、女篮球队，于 1983 年在加拿大举行的第十二届大学生运动会上分别获得第五名和第四名。中国女篮在 1993 年的世界大学生运动会上获得冠军。

四、世界青年男女篮球锦标赛

世界青年男女篮球锦标赛是国际篮联主办的世界性比赛。男篮始于 1979 年，每四年举行一次，一般有 14 个队参加，由国际篮联所属各洲和地区冠军队参加；参加比赛的队员必须是 18 岁以下的青少年。女篮始于 1985 年 8 月，在美国科罗拉多斯普杯斯举行，苏联队获得冠军。和男子比赛一样，每四年举行一次。其他规定也基本和男子比赛相同。

五、欧洲男女篮球锦标赛

1895 年篮球运动传至法国，1905 年传至俄国，后来逐渐普及到欧洲各国。1932 年国际篮联在日内瓦成立。当时的主席是瑞士人，副主席是意大利人，秘书长是英国人，他们都是欧洲人，而且都担任重要职务。还有，在当时的 8 个会员国中，有 7 个是欧洲国家。

欧洲男子篮球锦标赛是从 1935 年开始的，而女子是从 1938 年开始的。欧洲的男子篮球运动，在 1939 年之前由波罗的海沿岸国家，尤其是立陶宛垄断。这是因为立陶宛运动员身体素质明显好于欧洲其他国家，而且立陶宛同美国交往频繁，派了许多学生到美国大学深造，就读于美国体育专科学校。直到 1947 年，苏联在欧洲锦标赛中亮相之后，才打破了欧洲冠军长期被西欧国家垄断的局面。

不过，欧洲篮球运动的发展，并不是一帆风顺的，也遇到过不少困难和曲折。例如：1949 年，欧洲各国之间的篮球一度显示出衰弱的景象，直到1956年才出现转机；但到1965年，在苏联举办的第十四届欧洲男子篮球锦标赛上，篮球运动又回到了令人堪忧的地步。从那时起，赛场成了巨人的天地，身高和体重支配着篮球比赛，苏联队身高2.17米的克鲁明，就是这一代篮坛巨人的代表。各队一味追求高度而忽视对高大运动员技术和素质的提高，因而篮球比赛单调无味。当然，后来篮球规则的修改，使欧洲篮球比赛又逐步向攻守平衡的轨道发展。多年来，苏联、意大利、南斯拉夫、西班牙、捷克斯洛伐克等国家称霸欧洲篮坛。不过，希腊、联邦德国、保加利亚等国也不甘落后，奋起直追。这些国家中不少人到美国去“留学取经”，引进先进技术和战术，雇用篮球运动员。这样，欧洲篮球运动又发生了突变，欧洲篮球锦标赛争夺激烈，而且，各国实力都较强，不少国家男子篮球队都跻身于世界一流的行列之中。

欧洲女子篮球运动中，苏联队从1960年开始，不仅是欧洲女子篮球锦标赛冠军，而且称霸世界女子篮坛28年。另外，保加利亚、捷克斯洛伐克、南斯拉夫、匈牙利等国的女子篮球队都居于世界强队之列。

总之，欧洲篮球运动的实力在世界上是相当雄厚的。

六、非洲男女篮球锦标赛

非洲男女篮球锦标赛，是由非洲篮联举办的洲一级比赛。非洲男篮从1963年开始举行比赛，每两年一次。参加队数一般为10~12个队。比赛办法不固定，一般视参赛队的多少而定。

非洲女篮比赛从1966年开始举行，每两年一次。塞内加尔、埃及、扎伊尔和马达加斯加均获得过冠军，其中塞内加尔获得冠军的次数最多。

七、亚洲男女篮球锦标赛

亚洲男子篮球锦标赛是自1960年开始的。由于某些原因，直到1975年中国男子篮球队才开始参加亚洲男子篮球锦标赛。

亚洲女子篮球锦标赛是自1965年开始的，每两年一次。第一、四届只有5个队参加。比赛分预赛和决赛两个阶段进行，均采取单循环制。中国女子篮球队是从1976年第六届才开始参加这项比赛的。

八、美国篮球NBA

近几十年来，因为詹姆斯·奈史密斯博士创造了第一个粗糙的篮球模型，美国国家篮球协会（NBA）成为篮球史上所有最伟大球员的大家庭。从NBA第一位巨星乔治·迈肯，到波士顿塞尔提克王朝，再到20世纪80年代的赖瑞博德、魔术强生、艾萨汤玛斯和迈克尔·乔丹，NBA职业篮球赛不只成为一项国际表演赛，更是世界上最为热门的观赏运动之一。

美国国家篮球协会，简称NBA，英文全称是National Basketball Association。该协会创建于1946年，是由美洲篮球协会（BAA）发展而来的。自1949—1950年赛季开始，原属于NBL的球队全数合并至BAA，并正式更名为国家篮球协会，也就是我们所熟知的NBA。在NBA的发展史上，经历了47年的曲折发展，从1946年的11支球队参赛发展到1993年的27支职业队。

从1949年至1954年间，通过比赛在NBA中产生了一颗耀眼的明星——乔治·迈肯。由他率领明尼阿波利斯湖人队连续5次夺得NBA冠军。20世纪50年代明星辈出，赛尔蒂克斯队与鹰队于1957年4月13日在波士顿举行第七场比赛，是NBA史上的一个重要里程碑。赛尔蒂克斯队6次领先，又6次被鹰队追上，比赛异常激烈，最终赛尔蒂克斯队以125：123的比分赢得冠军。波士顿队从1959年至1966年夺得“八连冠”，并在13年内赢得11次NBA冠军。1967年张伯伦带领的费城76人队赢得了NBA冠军，打破了波士顿队多年的垄断局面。张伯伦个人也出尽了风头，他创下争抢篮板球的最高纪录——平均每场27.2个，并在一场比赛中，他一人独得100分，创下NBA历史上的最高纪录。

20世纪70年代，更多出色的大学生球员加入NBA，使这个组织越来越强大。1976年对NBA来说是非常重要的一年，在会长拉里·奥布赖恩的努力下，NBA与球员协会达成了集体报酬协定，吸收了美国篮球协会的5支球队，从而使NBA最终成了一个明星荟萃、水平超凡的职业篮球组织，拉里·奥布赖恩成为NBA历史上的第三位总裁。他在任期间，吞并了ABA，使NBA形成了一个有规模的大型篮球市场，NBA总冠军奖杯——“奥布赖恩”杯就是以他的名字来命名的。1979年，NBA采用了“三分球”的规定，划分了一个三分球区。这一创意，使水平接近的球队之间的比赛更加扣人心弦，不断地刺激球员进攻、投篮，从而使比赛更加富有观赏性。

1991年11月，魔术师约翰逊爆出一条震惊世界的大新闻：他被查出染上艾滋病病毒，并将退出体坛。但他并没有马上退出，而是继续从事篮球运动的训练和比赛，并且在1992年先后参加了东西部全明星赛和由NBA明星组成的“梦之队”，参加巴塞罗那奥运会并夺得金牌。约翰逊的加入，使得NBA出现了一个前所未有的辉煌时期。

NBA两极分化的现象在1991—1992赛季结束。20世纪90年代NBA史上出现了一颗最耀眼的明星——芝加哥公牛队的迈克尔·乔丹。他于1991—1992赛季第六次赢得“积分最多球员”的称号，并且使公牛队在建队25年来第三次登上了NBA冠军的宝座。1991—1993年他率公牛队完成NBA总冠军“三连冠”霸业,随后宣布退役。于 1995 年 3 月 19 日他重返 NBA,之后 1996—1998 年又带领公牛队 3 次夺得 NBA 总冠军。这是乔丹最为辉煌的时期,也是 NBA 历史上最为精彩的年代。

20 世纪 90 年代职业篮球热空前高涨。现场直播 NBA 比赛、黄金时间播放 NBA 决赛,使 NBA 的收入大增。NBA 指定商品也非常畅销,NBA 的影响扩展到世界各地,篮球已成为全世界流行的一项运动,越来越多的外籍球员加入 NBA。充满无穷魅力的美国职业篮球比赛,不仅是身体、技术的较量,更是艺术的再现。

NBA 全明星赛始于 1951 年 3 月 2 日,每年举行一次。举办方法是:每年由观众投票选出全美最优秀的 24 名职业篮球运动员(东、西部联盟各 12 名),组成东部队和西部队,进行对抗 NBA 全明星赛比赛。比赛时,双方球员轮流上场,以充分表现当选的每个球员的球技,对胜负要求不高。因此,该项赛事自开办以来,就吸引了全世界广大的球迷观赏。

经过演变,当代的全明星赛已经发展成为“全明星周末”,为期 3 天,其中包括“全明星联欢会”、“新秀全明星赛”、“扣篮大赛”、“全能投篮大赛”和“全明星赛”。其中最精彩的当数“扣篮大赛”和“全明星赛”。

在 1984 年首届扣篮大赛中,菲尼克斯太阳队的南斯双手各持一球,飞身跳起将两球分别砸进篮筐,名为“霹雳风车”。公牛队的乔丹在 1987 年从罚球线起跳飞向篮筐,赢得“飞人”美称;1991 年,迪·布朗右臂蒙眼、左手持球横跃扣篮成功,此招被称为“夺命蝙蝠”;1996 年,扣篮得主布伦特·巴里白飞人重现乔丹绝招;2005 年新扣篮王约什·史密斯成为新“飞人”。1993 年,第四十三届“全明星周末”,在犹他州盐湖城首次设立了球迷互动活动 NBA 嘉年华,此后这个节目逐渐发展成世界上最大的交互式篮球主题公园。1994 年,第四十四届“全明星周末”在明尼阿波利斯举行首届新秀挑战赛,当时并无东、西部之分,也没有所谓的一年级和二年级新秀，所有入选的新人分为天才队和激情队展开战斗。2003 年，第五十二届“全明星周末”在乔丹的生日宴会上首次举办了技巧挑战赛：全联盟的顶级后卫们必须在一个特殊的球场中完成运球、传球、投篮等规定动作，用时最短者获得胜利。此外，在“全明星周末”还有为球迷和记者举办的各种竞赛和表演，包括“百万美元超远投大赛”。1995 年至 2006 年全明星赛的成绩见表 8-5。

表 8-5　　1995—2006 年 NBA 全明星赛成绩表

时间(年份)	成　绩	地　点	明星赛 MVP
1995	西部 139 : 112 东部	菲尼克斯	米奇里奇蒙德，萨克拉门多国王队
1996	东部 129 : 118 西部		迈克尔·乔丹，芝加哥公牛队
1997	东部 132 : 120 西部	克里夫兰	格林·莱斯，夏洛特黄蜂队
1998	东部 135 : 114 西部	纽约	迈克尔·乔丹，芝加哥公牛队
1999	无比赛(劳资纠纷)		
2000	西部 137 : 126 东部	奥克兰	马刺队的邓肯、湖人队的奥尼尔
2001	东部 111 : 110 西部	华盛顿	艾伦·艾弗森，费城 76 人队
2002	西部 135 : 120 东部	费城	科比·布莱恩特，洛杉矶湖人队
2003	西部 155 : 145 东部	亚特兰大	加内特，明尼苏达森林狼队
2004	西部 136 : 132 东部	洛杉矶	奥尼尔，洛杉矶湖人队
2005	东部 125 : 115 西部	丹佛	艾伦·艾弗森，费城 76 人队
2006	东部 122 : 120 西部	休斯顿	勒布朗·约翰逊，克里夫骑士队

NBA 总决赛赛制，常规赛从每年的 11 月初开始，至第二年的 4 月 20 日左右结束。季后赛从 4 月下旬开始到 6 月中旬决出总冠军为止。NBA 的 29 支球队在常规赛季共进行 1189 场比赛。每个球队均比赛 82 场。比赛采用主客场制，球队互相间比赛场数不等，同一赛区同一联盟的球队相互间各赛 4 场，不同联盟之间的球队相互间赛 2 场。常规赛结束后，按照比赛胜率（胜场数/82）的高低排出东、西部的前八名，共 16 支队伍参加季后赛。第一名对第八名，第二名对第七名，第三名对第六名，第四名对第五名。季后赛采取淘汰制。第一轮和第二轮（东、西部联盟半决赛）采用“五战三胜”制（“2—2—1”即排名靠前的先打两个主场，再打两个客场，最后一场回主场），第三轮（东、西部联盟决赛）和 NBA 东西部的总冠军决赛均采用“七战四胜”制（“2—3—2”）。NBA 历届冠亚军一览如表 8-6 所示。

表 8-6　　NBA 历届（1990—2006）冠亚军一览表

年份	日　期	冠　军	冠军教练	亚　军	亚军教练	比分	MVP
1990	6 月 5—14 日	底特律活塞	查克·戴利	波特兰开拓者	阿德尔曼	4∶1	托马斯（活塞）
1991	6 月 2—12 日	芝加哥公牛	菲尔·杰克逊	洛杉矶湖人	邓利维	4∶1	乔丹（公牛）
1992	6 月 3—14 日	芝加哥公牛	菲尔·杰克逊	波特兰开拓者	阿德尔曼	4∶2	乔丹（公牛）
1993	6 月 9—20 日	芝加哥公牛	菲尔·杰克逊	凤凰城太阳	威斯特法尔	4∶2	乔丹（公牛）
1994	6 月 8—22 日	休斯顿火箭	汤姆贾诺维奇	纽约尼克斯	帕特·莱利	4∶3	奥拉朱旺（火箭）
1995	6 月 7—14 日	休斯顿火箭	汤姆贾诺维奇	奥兰多魔术	希尔	4∶0	奥拉朱旺（火箭）
1996	6 月 5—16 日	芝加哥公牛	菲尔·杰克逊	西雅图超音速	卡尔	4∶2	乔丹（公牛）
1997	6 月 1—13 日	芝加哥公牛	菲尔·杰克逊	尤他爵士	斯隆	4∶2	乔丹（公牛）
1998	6 月 3—14 日	芝加哥公牛	菲尔·杰克逊	尤他爵士	斯隆	4∶2	乔丹（公牛）

续表

年份	日期	冠军	冠军教练	亚军	亚军教练	比分	MVP
1999	6月16—25日	圣安东尼奥马刺	波波维奇	纽约尼克斯	范甘迪	4：1	邓肯(马刺)
2000	6月7—19日	洛杉矶湖人	菲尔·杰克逊	印第安那步行者	拉里·伯德	4：2	奥尼尔(湖人)
2001	6月6—15日	洛杉矶湖人	菲尔·杰克逊	费城76人	拉里·布朗	4：1	奥尼尔(湖人)
2002	6月5—12日	洛杉矶湖人	菲尔·杰克逊	新泽西网队	斯科特	4：0	奥尼尔(湖人)
2003	6月5—16日	圣安东尼奥马刺	波波维奇	新泽西网队	斯科特	4：2	邓肯(马刺)
2004	6月7—16日	底特律活塞	拉里·布朗	洛杉矶湖人	菲尔·杰克逊	4：1	比卢普斯(活塞)
2005	6月10—24日	圣安东尼奥马刺	波波维奇	底特律活塞	拉里·布朗	4：3	邓肯(马刺)
2006	6月9—21日	迈阿密热队	帕特·莱利	达拉斯小牛队	埃福里·约翰逊	4：2	韦德(热队)

NBA历史上共有四位总裁：第一位总裁是莫里斯·普多洛夫(1946—1963在任)，他在任期间吞并了NBL，并把BAA改名为NBA，开始了美国职业篮球的发展历程；第二位总裁是沃尔顿·肯尼迪(1963—1975在任)；第三位总裁是拉里·奥布赖恩(1975—1984在任)，他在任期间吞并了ABA，使NBA形成了一个规模化的大型篮场市场，NBA总冠军奖杯“奥布赖恩”杯就是以他的名字命名的；第四位总裁是戴维·斯特恩(1984—在任)，被称为当代NBA的总设计师，他利用电视和赞助商将NBA篮球推向世界市场，成为美国四大职业体育组织的首富，并把NBA影响力传遍世界各地。

第二节　国内篮坛重大赛事

一、CBA联赛

中国篮球协会(CBA)创立于1956年,曾经脱离国际篮联(FIBA),但于1974年重新加入。CBA是一个专门负责管理全国篮球运动发展的非政府组织。经过1994年的一系列改革后,首届CBA联赛于1995年展开,当时共有12支球队参赛。直至2000年,中国篮球运动管理中心共有43支男子及42支女子篮球队,篮球运动员的总数达到998人。CBA联赛制度的改进标志着篮球运动在中国得到了重大的发展。1989年,由鞍山钢铁集团公司赞助的首个篮球俱乐部在沈阳成立。2000年,在CBA登记的职业球队达29个。

1995年2月5日,中国篮球史上第一个实施主客场双循环制的联赛——全国甲级男篮八强赛打响,它为随后推出的全国男子篮球甲A联赛投石问路,奠定了基础。这是中国篮球竞赛制度改革的重大举措。1995—1996赛季开赛之后,联赛推广商国际管理集团(IMG)找来了赞助商,并将联赛冠名为“555篮球联赛”。1995—1996赛季,浙江中欣队聘请了乌兹别克斯坦运动员米哈依尔·萨芬科夫,萨芬科夫成为中国CBA联赛第一个外籍球员。1997年4月5日,首次将全明星赛扩充为“全明星周末”的活动在上海举行,球迷与优秀教练员、全明星球员近距离接触,还首次举办了远投和扣篮大赛。2001年3月29日,八一男篮中锋王治郅离开中国,前往美国NBA,效力于达拉斯小牛队,成为NBA历史上第一个亚洲球员。2001—2002赛季,台湾省新浪狮队加盟CBA,成为参加大陆职业联赛的第一支来自我国港澳台地区的球队,新浪狮在这个赛季最终排名第八，并于2002—2003赛季结束后退出CBA。2002年4月19日，上海东方队在总决赛中击败八一队，第一次获得CBA总冠军，从而成为CBA历史上第二个总冠军队伍。这一胜利结束了八一队“六连冠”的历史。2002年6月26日，上海男篮主力中锋姚明在NBA的选秀大会上，被火箭队以首轮第一顺位选中，使其成为CBA历史上首位NBA国际球员状元秀。国家篮管中心主任李元伟在2004年4月东莞的联赛总结会上，提出中国篮球“北极星计划”设想，目标是用10年的时间将CBA办成世界级的职业篮球联赛。2004—2005赛季CBA男篮甲A联赛作为“北极星计划”的过渡赛季，首次取消了升降级。

从1995年CBA联赛创立，到2004—2005赛季CBA联赛步入第十个年头，有了一些变化，首先取消升降级之后，CBA从12支队伍扩编到14支。新加入了河南、福建和云南3支队伍。下个赛季将扩编为16支球队。规则的变化是本赛季的一大重要更改。对于技术犯规采取“两罚一掷”的判罚(改变了过去“一罚一掷”的仿NBA规则)，加大了对特殊犯规的处罚力度。“24秒进攻违例”的尺度放宽，提高了比赛的观赏程度。新赛季还取消了联赛冠名制度，现在只有赞助商，没有冠名商。新赛季史无前例地推出了“南北分区”的概念，这也是对联赛动的最大一次“手术”。其实这也是模仿NBA的分区赛制。

CBA新赛季，整个联赛被划分为三个部分：第一阶段为常规赛；第二阶段为分区决赛；第三阶段，也就是传统意义上的八强战，即南、北赛区的前四名将捉对厮杀，为了最后的总冠军而努力。

1999—2000赛季八一队获得希尔顿男篮联赛冠军，以总比分3∶0的总战绩击败决赛对手，第五次擎起CBA冠军杯，继续在国内篮坛把持着“盟主”的位置。八一队李楠、王治郅，东方队姚明表现出色。该赛季CBA联赛最大的亮点是大批新人的涌现，像上海队的刘炜，广东队的杜锋、黄勇，八一队的陈可，北京队的焦健，江苏队的唐正东，辽宁队的岳鹏飞，等等。2002—2003 年度 CBA 总决赛中，八一队在没有了姚明这个最大的对手之后，再一次轻松地站在 CBA 冠军的宝座上，以 3∶1 的比分战胜了年轻的广东宏远队，8 年来第七次拿到 CBA 总冠军。2004—2005 年度 CBA 总决赛是 CBA 历史上最艰苦的总决赛，广东队时隔九年终圆冠军梦。五局三胜的比赛在最后一场的最后时刻才决出胜负，江苏南钢队主场以 99∶107 的比分不敌广东宏远队，最终以 2∶3 的总比分获得 CBA 总决赛亚军（表 8-7）。实力相当的两支劲旅为广大球迷带来了精彩的比赛，胜负的悬念在比赛的最后时刻才被揭开。

表 8-7　　CBA 联赛历届决赛一览表

时间	1996 年	1997 年	1998 年	1999 年	2000 年	2001 年	2002 年	2003 年	2004 年	2005 年	2006 年
冠军	八一	八一	八一	八一	八一	八一	上海	八一	广东	广东	广东
亚军	广东	辽宁	辽宁	辽宁	上海	上海	八一	广东	八一	江苏	八一
比分	2∶0	3∶0	3∶0	3∶0	3∶0	3∶1	3∶1	3∶1	3∶1	3∶2	4∶1

一年一度的 CBA 全明星赛（全明星以表演为主），不仅是球员和教练相互交流的一个平台，也是球迷和篮球明星零距离接触的一次良机。参赛球员都是各地方队的“大腕”，不过他们在全明星周末中并没有任何架子。根据组委会的安排，全明星球员应尽量满足球迷的一切合理要求，包括签名、留影等。现在 CBA 职业联赛将继续通过统一选援的方式，赴美进行外援选秀。

1996 年和 1997 年，王治郅连续两年获得“最有价值球员（MVP）”称号。1998 年胡卫东在 CBA 全明星赛上背扣夺魁。1999 年，吉林选手孙军获“最有价值球员”、“得分王”和“三分球王”三项奖项。在 2000 年全明星赛中，王治郅当选为 MVP。2001 年诺基亚 CBA 全明星赛在长春举行，全明星虎队胜全明星龙队，李楠远投夺冠，罗德扣篮夺魁。2002 年参加全明星赛的球员均是在联赛中有突出表现的精英。前六届 CBA 全明星赛都是在赛季结束后举办的,2005年是第一次在赛季中期举行,他们在上海东方队主教练李秋平和北京首钢队主教练闵鹿蕾的带领下,分成乔丹明星队和依波表明星队进行对抗。最终巴特尔所在的明星龙队以122∶120的比分险胜CBA第一高度姚明所在的明星虎队,赢得比赛。本次比赛中CBA"坦克"巴特尔被评为MVP。进入三分球决赛的三位选手都是中国选手,而进入扣篮大赛决赛的四位选手中,有三名是来自美国的外籍球员。北京奥神的张敬东获得远投冠军。扣篮比赛则更为激烈,两位外援——江苏队的爱里克斯和上海东方的哈特都表演了漂亮有力的扣篮动作,结果皆大欢喜,二人并列扣篮比赛的冠军。2003年CBA全明星赛上,远投出色的龙队胜出。刘玉栋成为全明星MVP。赛后,嘉斯汀获"最佳动作"奖;"战神"刘玉栋被评为全明星赛的MVP。在随后进行的三分远投大赛中,八一队的李楠发挥出色,最后夺得冠军,卫冕"三分王"。扣篮大赛中,杰尼的第一个扣篮很有创意,高高跃起后,将球在篮板边沿磕了一下,然后双手扣进,被形象地称为"磕鸡蛋"式扣篮,杰尼加赛力克易建联,获得冠军。2004年全明星赛,全国球迷投票产生的20位CBA明星分为龙、虎两队进行对决,龙队首发名单为朱芳雨、高德、杜锋、李楠和积臣;而虎队先发名单为唐正东、薛玉洋、罗德、胡卫东和刘炜。最终,虎队击败龙队,唐正东在比赛中表现得极其突出,获得本赛季全明星MVP。三分球决赛被安排在全明星比赛中场休息时进行,和以往相比,2005年的三分球大赛增加了一个名额。结果小将朱芳雨以20分的成绩战胜卫冕冠军李楠,首次获得"三分王"。在扣篮大赛上,胡光因模仿卡特的大回环扣篮而力压罗德、杰米尔和易建联,获得扣篮大赛冠军。2005年3月6日晚在南京五台山体育馆上演的CBA全明星压轴大戏——南北明星对抗,最终蒋兴权、闵鹿蕾统领的北区明星队战胜了南区明星队。从美国返回北京首钢队的巴特尔凭借超群的表现成了全场最闪亮的一颗明星,当选为2005年全明星比赛的MVP。在明星赛三分球大赛中，朱芳雨在决赛中发挥出色，取得25分，击败了常规赛"三分王"遇俊锴（遇俊锴取得20分），蝉联了三分球大赛的冠军。胡光凭借动作背扣和双手反身风车式扣篮，压倒了发挥出色的小将易立和别出心裁的外援奥德捷，取得了裁判的一致认可，以满分蝉联了CBA扣篮大赛冠军。

二、中国大学生篮球协会（CUBA）联赛

（一）CUBA联赛简介

中国大学生篮球协会（CUBA）联赛是中国体育史上第一个面向高校、面向社会，以培养高素质、高水平篮球人才为目标，采取社会化、产业化运作模式的大学生专项运动联赛。它从1996年开始酝酿，1997年建章立制，1998年正式推行，历经九年七届的发展，已成为国内篮坛两大赛事之一。1998年以前，全国只有男女各12所由教育部确定的重点院校高水平运动队可以特招专业篮球运动员，其他学校都苦于没有渠道寻找篮球人才。1998年，CUBA适时出现，成了一块最合适的平台，让各地高校有机会得到理想的篮球精英。CUBA联赛是由中国大学生篮球协会和恒华集团共同主办的一年一度的全国性传统体育活动，由恒华体育（广告）发展有限公司独家推广。

CUBA联赛的宗旨是"发展高校篮球，培养篮球人才"，它言简意赅地概括了CUBA联赛的人才观和发展观。CUBA联赛坚持"竞技体育不能脱离教育，素质教育不能脱离体育"，从学校体育的功能出发，发展并丰富了传统的篮球人才观，提出篮球人才应当包括"五种人才"，即高水平的运动员、教练员、裁判员、从事与篮球相关工作的人员和广大球迷。CUBA联赛组委会采取社会化、产业化运作模式，把CUBA联赛作为一个产品进行包装、规划和推广，建立了全新的竞赛组织体系和运作机制。1997年，国内大部

分体育赛事的运作还处在粗放阶段,在包装和推广方面创新意识不足,手段明显滞后。CUBA 联赛会徽、会歌和吉祥物的推出,成为中国高校体育界和中国篮球界首个采用形象识别(CI)系统进行整体包装的赛事。CUBA 联赛的会徽是以篮球为背景的“CUBA”四个英文字母和横向排列的五星;CUBA 联赛的会歌是由著名歌手刘欢作词、作曲的《CUBA 之歌》;CUBA 联赛的吉祥物是一只形象的卡通篮球——“聪聪”。

(二)CUBA 联赛的赛制

1. 参赛条件

参加 CUBA 联赛必须以高校为单位组队。参赛运动员必须是按照教育部关于全国高等院校统一招生考试和录取的有关规定,经考生所在地高等学校招生委员会(招生办)审核录取后进入普通高等院校(含高等院校体育教育专业),并有正式学籍的在校全日制本、专科学生及研究生。运动员年龄要求在 17~26 周岁。

2. 竞赛办法

联赛从每年 9 月份开始,至翌年 6 月份结束,分三个阶段进行。

(1) 第一阶段:预选赛(每年 9 月至 11 月)由各省、自治区、直辖市、特别行政区分别组织,具体时间、地点和比赛办法由各省、自治区、直辖市、特别行政区大体协或由 CUBA 联赛组委会指导下成立的预赛领导小组确定。预选赛男、女冠军队直接晋级分区赛。

(2) 第二阶段:即分区赛阶段(翌年 3 月 1 日至 8 日)。按照地域关系,全国共分东南、西南、东北、西北四个赛区。分区赛保持 64 支参赛队的规模,每赛区有 16 支参赛队(男、女各 8 支),各赛区男、女组比赛均采用先分组循环后交叉淘汰的形式,决出赛区冠军。淘汰赛排列定位如下:各分区男、女组冠、亚军晋级全国决赛(八强赛)。

(3) 第三阶段:即全国决赛阶段(翌年 4 月 22 日至 6 月 26 日)。

① 女子八强赛(4月22日至5月9日):采取赛会制,先通过单场淘汰决出两支队伍进入总决赛,总决赛采取主客场两回合制。如赛会承办单位进入总决赛,则第二场决赛移师客队所在地,否则第二场比赛主场权由进入总决赛的双方队伍抽签决定。

② 男子八强赛(5月12日至6月26日):每一轮次均采取主客场两回合制,直至决出总冠军。

比赛采用《1998—2002年篮球竞赛规则》(今后国家体育总局若下发新的竞赛规则,则采用新规则),所有比赛时间采用四节制,每节10分钟,其中第二节、第四节比赛中各可增加一次技术暂停。

CUBA联赛运动技术水平的显著提高表现在运动员的身体素质和基本技术、球队的战术运用和配合质量、比赛的对抗程度和精彩程度的大幅度改善和提高。水平较高的球队已经形成相对固定的风格打法。以第五届CUBA男八强、女四强赛为例,男队平均身高1.92米,最高达到2.04米;女队平均身高1.80米,最高达到1.89米,各队之间的实力差距明显缩小,80%的场次分差在10分之内。从技术统计情况来看,全队得分和投篮命中率明显上升,犯规和失误次数有所减少,一些难度较高的攻防技术如扣篮和盖帽得到了更多的运用。总体来看,CUBA男子八强队已经全面达到或超过了青年队的水平,如华侨大学、电子科技大学两队在与本省青年队的正式比赛中能够胜出20分以上,武汉理工队多次战胜乙级联赛的中游球队湖北男篮。CUBA女子冠亚军队已经达到准专业队水平,如天津财经学院队在2005年上半年的一次正式比赛中以十几分的优势战胜了乙级联赛前五名的黑龙江女篮。此外,在2004年举行的第五届全国城市运动会上,湖南大学男篮和青海师范大学女篮分别代表长沙和西宁参加了篮球项目的比赛,其中未能进入第五届CUBA八强的湖南大学男篮先后战胜3支专业队,在12支参赛队中名列第六。经高校多年的培养和CUBA联赛多场次的锤炼,部分拔尖球员已经具备了进入体工队或职业俱乐部的实力。

CUBA 从 1998 年创立至今,每个赛季均保持着 600 ~ 800 支参赛队、近万名运动员和教练员参赛的规模,而其数千场从选拔赛到总决赛的赛制规模以及与央视长期的良好合作关系,更是使其在全国高校甚至于整个社会上都树立起了良好的口啤。华侨大学参加第一届 CUBA 联赛就跻身男子八强,第二届便一举夺得 CUBA 男子篮球总决赛桂冠。在第四届比赛中冲冠失利,获得亚军,随后又拼下第五届、第七届 CUBA 男子总决赛冠军。7 届联赛中,3 次夺冠,1 次亚军。天津财大女篮从第三届以来连续 5 年夺冠,成为"五连冠"。CUBA 8 个年头、7 届赛事的历程证明,走"发展高校人才、培养篮球人才"这条路是完全正确的。历届 CUBA 联赛男、女篮冠亚军如表 8-8 所示。

表 8-8　　历届 CUBA 联赛男、女篮冠亚军一览表

届　次	一	二	三	四	五	六	七
男子冠军	电子科大	华侨大学	东北师大	山东科大	华侨大学	华中科大	华侨大学
男子亚军	湖南财经	浙江大学	浙江大学	华侨大学	电子科大	西安交大	武汉理工
女子冠军	天津财大	中国矿大	天津财大	天津财大	天津财大	天津财大	天津财大
女子亚军	河南大学	河南大学	南京大学	中国矿大	青海师大	太原理工	华中科大

育人是 CUBA 的一贯宗旨,在未来的几年中,CUBA 将在培育篮球人才方面进行更深层次的探索。按照联赛设立初期的规划,到 2006 年,CUBA 建立的篮球人才培养基地达到 50 所,而再经过 10 年,即至 2016 年,待到"小学—中学—大学"的篮球人才培养体系基本形成,CUBA 力争成为向职业队输送人才的主渠道。

三、中国大学生男子篮球超级联赛

中国大学生男子篮球超级联赛，简称为“大超联赛”。大超联赛是继 CUBA 之后的另一大学生篮球联赛。与 CUBA 不同的是，大超联赛规定：在中国篮协注册的青年球员只要经高等院校录取，且入学年龄不超过 24 岁，参赛年龄不超过 28 岁，不得同时参加其他联赛，就可以代表所在高校参加大超联赛。

大超联赛所承担的任务是向专业篮球队直接输送篮球专业水平和文化素质内涵兼备的篮球人才，为国家教育部组队参加世界大学生运动会输送精英。大超联赛的一个重要特点是：向在中国篮协注册的青年队队员敞开大门，青年队员只要经高等院校录取，同时符合联赛的其他参赛条件就可以代表所在高校参加大超联赛。在技术水平上，大超联赛的专业化程度是国内大学生篮球联赛中的佼佼者，为 CBA 输送合格的职业球员。大超联赛本身也吸引了一批执教经验丰富的专业教练加盟。如前国家女篮主帅马跃南、吉林东北虎男篮的郜树敏、辽宁男篮的董书岁、山东女篮的赵选民等，他们让校园球员的能力得到了极大的提升。大超联赛的裁判队伍由 11 位国际裁判、10 位国家 A 级裁判和 20 位国家级裁判组成，这在篮球业余比赛中也是绝无仅有的。

首届大超联赛于 2004 年 10 月拉开战幕，吸引了全国 16 所著名高校的男篮代表队，16 支球队分为南、北两个赛区进行主客场比赛。南区的 8 个参赛学校为复旦大学、上海交通大学、华中科技大学、湖南大学、成都电子科技大学、东南大学、厦门大学和广州工业大学；北区的 8 个参赛学校为清华大学、中国人民大学、哈尔滨工业大学、辽宁大学、东北师范大学、天津大学、山东大学和西安交通大学。各赛区的前四名将在第二年的 4 月起进行交叉淘汰赛，最终决出决赛队伍，在 5 月份进行总决赛。

首场大超联赛于 2004 年 10 月 30 日下午在湖南大学举行，对阵双方分别是湖南大学和成都电子科技大学。经过南北赛区的激烈争夺,2004—2005 交通银行中国大学生男子篮球超级联赛季后赛的总决赛冠军在人民大学和清华大学之间产生。在第二回合中,人民大学在一度落后 20 分的情况下凭借出色的防守实现了大逆转,最终以 97∶96 的比分险胜。这样,人民大学以 2∶0 的总比分战胜清华大学夺得了首届大超联赛的冠军奖杯。率领人民大学队夺冠并获得总决赛“MVP”称号的侯野,成为当场最耀眼的明星。其他两个重量级奖项“得分王”和“篮板王”称号,分别被人民大学队的杨超和清华大学队的赵南摘走。而厦门大学获得本次比赛的三个奖项:优秀拉拉队奖、常规赛篮板王(吕业铖)、常规赛三分王(杨昆)。广东工业大学、成都电子科技大学等 6 支球队获得最佳赛区奖。

采取主客场赛制的大超联赛吸引着一批优秀的青少年球员参与,以及一大批高水平职业教练的加盟。据悉,2005—2006 赛季的大超联赛将允许各队引进一名学生内援,这有利于促进各队之间的竞争与交流。此外,为节省各队联赛经费和减少队员体力消耗,在赛制上拟订连续打两个客场的举措,并允许女子参加。

第九章　国内外著名的篮球队

篮球运动已成为世界上最普及的运动项目之一。篮球运动不仅普及,而且运动水平也在日益提高,技术更加完善,战术更加复杂、巧妙,对抗更加激烈、精彩。当然,世界各国的篮球运动水平还不平衡。从目前的实力来看,世界各大洲男子著名篮球队主要有美国男子篮球队、南斯拉夫男子篮球队、立陶宛男子篮球队等;女子著名篮球队主要有俄罗斯女子篮球队、美国女子篮球队、澳大利亚女子篮球队等。国内著名的男子篮球队有八一双鹿电池火箭俱乐部篮球队、广东宏远宝玛仕华南虎俱乐部篮球队等;女子篮球队有八一中国电信女子篮球队、辽宁宝城女子篮球队等。

第一节　国外著名的篮球队

一、美国男子篮球队

篮球运动是在美国发明的,美国是世界篮球的王国。1895年,美国官方专门成立了篮球规则委员会,负责研究篮球规则问题。尽管成立了这个组织,但是美国当时并没有制定统一的篮球规则。青年会、大学生体育协会和职业篮球组织的规则均不一样。这对当时美国篮球运动的发展阻碍很大,后经3个组织协商,组成了篮球规则联合会。这样,美国于1915年才开始有了统一的篮球规则。

在美国,有职业篮球队和业余篮球队之分。最早的职业篮球组织成立于1898年,但直到1926年才有正式职业篮球联赛。职业队的队员大多是美国各大学的球星。这些优秀的球星每年不断地被吸纳到各职业队的行列,从而使职业队的比赛水平大大高于业余队的水平。美国于1934年成立美国篮球协会。从1936年男子篮球成为奥运会正式比赛项目以来的16次奥运会上,美国队12次夺冠(1972年排名第二,1980年未参加,1988年和2004年均排名第三)。篮球运动遍及美国各个角落。美国大学和职业队篮球比赛现在已发展成为主要的体育观赏项目。据美国的篮球专家估计,美国有将近100万名篮球选手,但NBA职业篮球赛只有29支队伍300多人。其中也有少数其他国家的优秀运动员加入了最高水平的行列。此外,美国篮球运动重视从儿童抓起。在美国,8~12岁儿童的篮球表演,其技术的熟练程度,令人惊叹。在中学里,优秀的篮球运动员会得到较高的奖励,许多大学还为他们提供奖学金。据统计,美国共有大学生篮球队908支,其中甲级队271支,乙级队188支,丙级队362支。只有最优秀的大学生篮球队队员才有可能转为职业运动员。教练员的文化水平较高,他们大多数都获得了博士或硕士学位。高水平的文化结构和素养,使他们有较强的理解、分析和认识问题的能力。在训练的主导思想上,每个球队都有自己独特的风格打法。有的主张以攻为主,有的以守为主;在技术、战术的运用上,百花齐放,各式各样。这种不同风格的形成与竞争,成为推动美国篮球运动不断向高水平发展的重要因素。20世纪70年代后,由于其他强队逐步适应美国队的打法,美国队与其他强队之间的优势不断缩小。从70年代至90年代初,世界男篮出现了美国、苏联、南斯拉夫三强鼎立的局面。尤其在1988年的第二十四届奥运会上,美国队首次被挤出决赛,仅获第三名,在美国国内引起了很大的震动。

1989年,国际篮联作出了允许职业运动员参加世界大赛的决定后,美国组成了以国内职业队超级球星参赛的梦之队、梦之二队、梦之三队分别参加1992年第二十五届奥运会、1994年第十二届世界男篮锦标赛及1996年第二十六届奥运会。在这三届比赛中,美国队均以较大优势战胜所有对手。此外,由于苏联和南斯拉夫先后解体,原先三强鼎立的局面瓦解,形成了美国一强独霸世界男篮的局面。

美国男子篮球队是从各州大学优秀选手和职业队优秀选手中选拔而产生的。队员素质好,跑跳能力强,基本技术掌握全面熟练,比赛作风勇猛顽强。尤其体现在防守时,队员之间积极协同配合,会给进攻队造成很大的威胁和压力。他们擅长反击,速度快,得分率高,进攻时主要靠个人投、抢技术,阵地进攻时移动频繁,采用相互配合外围中投及正面突破分球等打法。

二、南斯拉夫篮球队

位于巴尔干半岛的美丽国家——南斯拉夫的人口虽不过两千多万,但世界篮球界人士早已公认,她是一个堪与美国、苏联相媲美的篮球强国。

南斯拉夫男篮健儿自20世纪70年代以来,在奥运会、世界锦标赛和欧洲锦标赛等各种国际重大比赛中创造过举世瞩目的成绩。它是第六届、第八届世界锦标赛和第二十二届奥运会冠军,曾连续夺取第十九届、二十一届、二十四届奥运会银牌,并在第二十三届奥运会上获得铜牌,也是多次欧洲锦标赛的金牌获得者,至今仍然拥有在各类世界大赛中保持前三名的强大实力。在第十届世界男篮锦标赛上,南队虽主将换人,力量有所减弱,但同苏联队一战,仍打出离终场只有57秒钟还领先9分的出色水平。

南斯拉夫的篮球运动起步较晚。据国外史料记载,直至20世纪50年代,南斯拉夫的篮球运动仍处于低水平,全国尚未组成统一的国家队。1957年,南斯拉夫国家男篮曾访问中国,连战连败,远远落后于当时我国甲级队前几名水平。但经过短短的 6 年时间，南斯拉夫篮球队在第四届世界锦标赛中就取得了亚军的好成绩，在 1970 年第五届世界男篮锦标赛上一举登上冠军宝座。如果从这一年开始计算，南斯拉夫男篮从不敌于我国甲级队水平至 1970 年第一次登上世界锦标赛冠军宝座，总共只不过用了 13 年的时间。南斯拉夫队成长于一个只有两千多万人口的发展中国家，他们由弱变强的道路是怎么走过来的呢？从 20 世纪 60 年代开始，为发展篮球事业，南斯拉夫采取了一系列得力措施。最重要的有以下四条：

第一，从大批培养教练员和提高教练员水平入手，创设各级教练员学校培训中心，不断提高教练员的文化素质和业务水平。在南斯拉夫要想当一名篮球教练员，必须按规定学完 340 节基本课程，并经过严格的理论与实践考试，合格者方能取得任职资格。国家级教练员除必须具有丰富的实践经验并精通篮球专业理论外，还要有较高水平的教育学、训练学、心理学、生理学、生物力学以及运动医学和场地设备等知识。

第二，狠抓青少年训练。全国各级学校都广泛开展青少年课余篮球训练，而且全国设立了众多的篮球专业学校。校内按年龄和技术水平分成四个级别，通过多层次系统训练和观察，然后选拔一批有发展前途的“篮球天才”给予进一步的培养。

第三，建立了一整套严格而完善的竞赛制度，特别重视为中小学篮球队提供竞争条件。每当进入篮球赛季，全国各级比赛如火如荼，各种宣传媒体除广泛宣传优秀球队的比赛外，还大量报道青少年的竞赛活动，以吸引全国上下的关注与支持。

第四，大力发展场馆建设。以南斯拉夫马其顿共和国首府斯科普里为例，仅此一地，就拥有能承办大型比赛的体育馆两座。每所中小学校，都具备供篮球比赛或训练用的简易室内球场。全国规模场馆建设的发展，为南斯拉夫广泛开展群众性篮球活动提供了方便。

90 年代,南斯拉夫解体,原国家队的优秀运动员主要在克罗地亚和南斯拉夫两国。南斯拉夫和克罗地亚分别获得了 1995 年欧洲男篮锦标赛的冠军和第三名。这两支队伍中共有 5 名队员在 NBA 效力。其中南斯拉夫队身高 2.17 米的著名中锋迪瓦兹是湖人队的主力中锋,克罗地亚队身高 2.11 米的库科奇是公牛队的主力前锋。在 2002 年第十四届世界男篮锦标赛决赛中,南斯拉夫队经过加时赛战胜了阿根廷队卫冕世界锦标赛冠军。

三、立陶宛篮球队

立陶宛队是世界优秀篮球队的典范,代表了整个欧洲篮球的技术特点,其细腻的技术正是中国男篮这样的队伍所缺乏的。该球队重视整体的配合,球员间配合简洁默契,跑位意识好,失误少,整体意识强,攻击点多,队员身材高大,有“板凳”深度。

立陶宛是世界篮球传统强国之一,立陶宛男篮曾 3 次夺得奥运会铜牌,它拥有苏联队的许多主力球员。立陶宛国内不仅拥有成熟的高水平职业联赛队员,还涌现出了包括萨博尼斯、马丘尼奥尼斯在内的世界顶尖球员。

历史战绩:曾 1 次(1998 年)参加男篮世锦赛,排名第七名;曾 4 次(1992 年、1996 年、2000 年、2004 年)参加奥运会男篮比赛,最高名次为第三名;曾 7 次参加欧洲男篮锦标赛,并 3 次(1937 年、1939 年、2003 年)夺得欧洲男篮锦标赛冠军,1995 年获欧锦赛亚军。

四、阿根廷篮球队

近年来,阿根廷篮球信奉着“走出去、请进来”的改革道路。阿根廷的顶尖球员都走出国门,纷纷加盟包括 NBA 及西班牙巴塞罗那、希腊帕拉辛内科斯等欧洲篮球豪门,在最高水平的联赛中不断接受磨炼。其中最著名的是现效力于 NBA 圣安东尼奥马刺队的主力后卫吉诺比利,他用一枚 NBA 总冠军戒指证明了自己的价值,并率领阿根廷国家篮球队夺得 2004 年雅典奥运会冠军。

此外,阿根廷篮协也在不断提升国内联赛的水平。除了不断邀请欧洲顶级球员和吸收南美国家优秀球员的加盟外,阿根廷还率先提倡并建立了一个美洲篮球教练交流机制,将很多高水平的教练引进阿根廷联赛中,在很大程度上提升了阿根廷的篮球竞技水平。现在的阿根廷国内篮球联赛已经成为南美最成功的联赛之一,这也为阿根廷国家队提供了丰富的选材空间。

在队伍的打法上,阿根廷一直坚持以吉诺比利为中心,其技术特点是移动快速灵活、投篮准确、防守凶悍、内线外线结合紧密。现代篮球发展的核心就是快速、防守和团队配合,即:在不停息的高速移动中完成技术动作;依靠熟练的团队配合在进攻中寻找并创造机会,从而实施致命的一击;靠强悍的防守阻止对手的进攻。阿根廷队正是因为具备这些发展篮球的核心因素,所以尽管不是球星云集,且最高队员仅为 2.08 米,但还是从高人林立的奥运赛场上夺得金牌,实现了历史性突破。

历史战绩:曾 10 次参加男篮世锦赛,1 次(1950 年)夺得男篮世锦赛冠军,1 次(2002 年)夺得男篮世锦赛亚军;曾 4 次参加奥运会男篮比赛,1 次(2004 年)夺得奥运会男篮冠军;曾 38 次参加南美男篮锦标赛,10 次(1934、1935、1941、1942、1943、1966、1976、1979、2001、2004 年)夺得南美男篮锦标赛冠军。

五、巴西篮球队

10 多年来,巴西男篮参加历届世界大赛的球员平均身高都在 1.94 米至 1.98 米之间,这与中国男篮队员的身高和结构极其相似。巴西男篮有着辉煌的战绩，曾两次登上世界冠军宝座，两次获得世界亚军，且始终保持着世界前四名的实力，是除美国队、苏联队、南斯拉夫队之外，取得世界重大比赛成绩最好的一支强队。

巴西男篮的身高在世界强队中属中等，但该队以技术全面、战术灵活多变见长，其快、准、灵、全的战术风格，与我国“快速、灵活、全面、准确”的训练指导思想基本一致。不过，实践证明，巴西队在自己的发展道路上比我们走得快，富有成效地发扬并发展了自己的特点和优势。他们独具特色的“喷气式速度、高超的技巧和惊人的弹跳力”享誉世界篮坛。他们顽强、凶狠的打法常常给其他强队以极大的威胁。例如，在第八届和第十届世界男篮锦标赛中，巴西队的篮板球和进攻得分均居各队之首，尤其在第十届世界锦标赛上，该队“三分球”得分最高（平均每场得 22.2 分），而犯规次数却列倒数第二位。由于他们掌握了如此不同凡响的技艺，身高平平的巴西球员却常常给“巨人”们以极大威胁。自第八届世界锦标赛以来，在多次世界大赛中他们先后战胜过“巨人”如林的美国队、南斯拉夫队、意大利队和加拿大队。

巴西男篮长期、稳定地跻身世界先进行列的光辉战绩证明，要在世界最高水平的激烈竞争中夺得一席之地，队员的身高固然重要，但在高度稍低的情况下，娴熟的技艺、强大的身体能力和顽强的拼搏精神，却是决定性的因素。

六、苏联女子篮球队

苏联女篮是世界篮坛享誉最高的一支队伍。从 1959 年第一次夺得世界女篮锦标赛冠军到 1983 年止，该队独霸世界女篮王座长达 24 年，曾夺得世界女篮锦标赛冠军 6 次，奥运会冠军 2 次和欧洲锦标赛冠军 19 次。1990 年苏联解体后，以苏联队为主的独联体队又夺得了 1992 年巴塞罗那奥运会金牌。苏联女篮的主要特点是：身高体壮，力量强，基本功扎实，技、战术朴实，讲究整体战术配合，并能很好地把握世界篮球运动的发展趋势，把高度与速度融为一体，建立了有本国特色的高、快、准的战术体系，使自己在世界篮坛的领先地位更加巩固。苏联女篮长盛不衰的另一个原因是：注意队伍的新老交替，每次参加世界大赛都有一些新手参赛，谢苗诺娃就是大批新手中涌现出的杰出代表，在苏联女篮独霸世界篮坛约 24 年中，身高 2.10 米的谢苗诺娃起到了十分重要的作用。她在苏联国家队效力近 20 年，为苏联队夺得一系列辉煌成绩立下了汗马功劳。从 20 世纪 80 年代起，苏联女篮在世界女篮的统治地位开始动摇，一方面是由于美国队的迅速崛起，另一方面，谢苗诺娃的退役也是一个重要原因。

目前，苏联国家队的运动员、教练员大部分在俄罗斯，因此，俄罗斯女篮的基础还在，经过调整充实，俄罗斯女篮还是一支有很强实力的世界劲旅。

七、美国女子篮球队

美国女篮虽然是第一、第二届世界女篮锦标赛冠军获得者，但由于当时女子篮球在世界上的影响不是很大，又由于在这以后的 20 多年中美国女篮的战绩一直平平，因此没有引起人们的关注。

美国女子篮球队从 1976 年第一次参加奥运会至今，共获 5 次冠军、1 次亚军。美国女篮身体素质好，个人攻守技术全面、熟练，攻击性很强，进攻速度快，机动，灵活，防守严密，经常使用对位联防和紧逼防守，具有男子的打法，是美洲流派的突出代表。20 世纪 70 年代后，美国女篮有了较快的进步，1979 年夺得了第八届世界女篮锦标赛的冠军。尽管这届比赛许多欧洲强队没有参赛，但人们由此已经感觉到美国队崛起的势头。80 年代，美国女篮进入了鼎盛时期，在与世界头号强队苏联队的多次交锋中不分上下。

1986 年,第十届世界女篮锦标赛上,美国队以较强的优势一举击败苏联队,成为世界女篮的新冠军。紧接着在 1988 年第二十四届奥运会和 1990、1998、2002 年第十一、十三、十四届世界女篮锦标赛上夺得金牌。以后的第二十六、二十七、二十八届(1996 年、2000 年、2004 年)奥运会上连续 3 届获得冠军。

美国女篮的崛起与美国是个篮球王国密切相关。美国女篮生长在这种特殊的环境中,队员从小就受到良好的熏陶和感染,对篮球运动有着深刻的理解力和想像力。在男队的影响下,美国女篮朝着全攻全守的方向发展,它那凶狠、泼辣的比赛作风、男子化的动作与打法以及全队将士轮番上阵的特点,使人耳目一新,为世界女子篮球运动揭开了新的一页。

八、巴西女子篮球队

自 1953 年举办第一届世界女篮锦标赛以来,世界冠军的宝座一直被苏联队和美国队占据。1994 年第十二届世界女篮锦标赛上,巴西女篮结束了苏、美两强连续称霸篮坛 40 年的历史,一举登上世界冠军宝座,成为有史以来第三支夺取女篮世界冠军的队伍,为世界女子篮球运动写下了新的篇章。

多年来,南美劲旅巴西女篮在历届世界大赛中的成绩都不很突出,最好成绩是第六届世界女篮锦标赛上获得的第三名。巴西女篮之所以能在第十二届世界女篮锦标赛一举夺冠,主要是巴西队的三位球星奥登西雅、桑托斯和宝拉发挥了关键的作用,这三位球星的得分占全队得分的 80%,尤其是世界级球星——35 岁的老将奥登西雅在全部 8 场比赛中平均每场得分 31 分,个人得分排该届比赛首位,为巴西队夺取金牌立下了头功。

除此之外,巴西队的整体战术也有独到之处,全队以二三人的小配合为主要进攻手段,外围投篮准确,突破能力极强,会给对手造成很大的威胁。这种能突善投的特点也反映了当今世界女篮向“男子化”方向发展的潮流。

九、澳大利亚女子篮球队

多年来,澳大利亚女篮一直名列世界级大赛的前列,已连续夺得悉尼和雅典奥运会的亚军,1998 年、2002 年世界女篮锦标赛第三名,同时也是连续多年的澳洲冠军。

澳大利亚队攻防兼备,作风泼辣,队员体魄强健,对抗性强,技术细腻,配合娴熟,战术灵活多变,速度快,后卫能力突出,全队队员非常年轻,平均年龄 27 岁,平均身高 1.86 米,其中 1.90 米以上者 5 人。中国女篮新任主帅汤姆·马赫曾在 1993—2000 年间执掌过该队,并率领澳大利亚女篮夺得 1996 年奥运会铜牌和 2000 年奥运会银牌。目前该队有多名队员效力 WNBA,西雅图风暴队前锋劳伦·杰克逊是该队的头号球星。

第二节 国内著名的篮球队

一、八一双鹿电池火箭俱乐部篮球队

战绩辉煌的八一男篮是国内篮坛的一支老牌甲级劲旅。自 1953 年建队以来,八一男篮几十年长盛不衰,在国内外大赛中多次获得冠军,先后有几十名球员入选国家队。1994 年,当篮球走向市场、实行俱乐部制后,一些地方篮球俱乐部纷纷高薪引进外籍球员,选招国内优秀球员。即使在这样严峻的情况下,八一将士依然取得了不俗的战绩。八一男篮在强手面前毫不畏惧,敢打硬仗、恶仗,无论遇到什么样的困难都不退缩,始终保持着一往无前的必

胜信念和英勇气概。不少队员虽已伤病缠身,但仍然长年奋战在训练和比赛场上,轻伤不下火线。

“重型坦克”刘玉栋的复出,曾经让各路诸侯十分头疼,而今,战神的退役则让八一的实力大打折扣。但是,八一队的实力是不容忽视的,“拼命三郎”张劲松因司职防守外援,在赛场上被撞挨打最多,平均每个赛季下来都要缝上十几针,遍体鳞伤的“小李飞刀”李楠完成手术后再次回到赛场,中生代莫科、李可、陈可等人已经足够成熟,小将王中光在后卫线上也积累了足够的经验与实力。对于他们来说,挑战 CBA,与任何一支球队抗衡,都有足够的底气。从以往几个赛季的类似境地来看,每当八一队陷入伤病、减员、赛制变化、对手变强的内忧外患之时,他们总是彰显出数十年来从未更改的精神动力。如果用一个词来形容八一男篮的话,那就是“铁人组建的球队”。

战术打法:八一队赢球,永远依靠整体打法,其外线犀利,内线队员也是内外兼修,技术与战术的合理运用和对比赛节奏的超强控制能力以及攻防转换意识强往往让对手措手不及。

CBA 战绩:1995—2001 年“六连冠”,2001—2002 赛季亚军,2002—2003 赛季冠军,2003—2004 赛季亚军,2004—2005 赛季季军,2005—2006 赛季亚军。

二、广东宏远宝玛仕华南虎俱乐部篮球队

1992 年,广东宏远集团成立了首家职业篮球俱乐部,当时的队中有现任主教练李春江,领队关德友、张勇军。目前,该队已建立了一套较为完善的训练设施,实行了一套与市场经济相适应的企业管理球队的制度。通过自己具有特色的严格训练,该队水平提高迅速,充分体现了职业俱乐部的优越性。但是,随着队员的新旧更替,成绩出现波动,不过仍是一支令人刮目相看的 CBA 劲旅。

通过调整，该队更加年轻化，全队队员平均年龄22岁，平均身高1.96米，并涌现出了一批优秀的年轻球员。目前队内拥有5名运动健将，老将李群是原国家队队员，参加过2000年悉尼奥运会。年轻小将朱芳雨、杜锋、王仕鹏、林力、张博雨是2000年国家青年队队员，其中朱芳雨、杜锋于2001年选拔进了国家队，参加了2001年世界大学生运动会。队员李群、杜锋、朱芳雨、易建联、王仕鹏曾分别获得"最佳后卫"、"最有价值球员"、"最佳前锋"、"最佳新人"、"2008奥运之星"等称号，是CBA球队中获得荣誉最多的球队之一。俱乐部主场——东莞赛区曾多次被评为优秀文明赛区。近年来，广东宏远篮球俱乐部不仅为国家队输送了上述五名队员，而且曾为国家青年队输送了宋希、陈大伟、张喆等队员，为提高我国篮球运动水平作出了重大贡献。

战术特色：快速、灵活、准确、多变、凶猛是广东宏远队多年来所形成的战术风格，故而享有"华南虎"的美称。该队的攻防速度之快，在CBA队伍中是数一数二的，他们常以闪电般的防守反击，打得对方措手不及，快速移动中的盯人防守，也常常搅乱了对方的进攻战术，使对方无功而返。他们的攻防战术可根据对手的阵势而随机应变，让对手难以适应。攻击点多、投篮准是该队的又一制胜法宝。尤其是三分远投，全队至少有5人是远程射手，常让对手在防守时顾此失彼。队员年轻、体力充沛、有力量、弹跳好、动作灵活，是全队实施这一战术风格的最有力保障。

战绩：1996年亚洲俱乐部锦标赛第三名，1996—1997赛季第三名，八运会第三名，1998年全国篮协杯冠军，1997—1998赛季第六名，1998—1999赛季和1999—2000赛季第三名，2000—2001赛季第六名。2002—2003赛季亚军，2003—2006年"三连冠"。

三、上海大鲨鱼东方俱乐部篮球队

上海男篮有过出色的历史战绩，也曾培养出不少国手名将，曾被誉为“中国篮球的摇篮”。该队属南派风格，讲究配合，重视防守，曾在一系列国际国内重大比赛中有过辉煌的历史和战绩。20世纪80年代末至90年代初，上海队经过了滑坡和降级的阵痛，七运会后作了较大调整。1996年，由上海东方电视台与上海体育运动技术学院联手合办，上海东方篮球俱乐部正式挂牌成立。上海东方篮球俱乐部的成立，为上海男篮引进外援和打进甲级队创造了条件。1996年5月，上海男篮重返全国甲级行列，进而又在跨年度的1996—1997全国男篮甲级联赛第一循环比赛中，大量引进外援和内援并创下了“九连胜”的奇迹，一跃闯入第六名，震惊了国内篮坛，被誉为是“一匹收不住缰绳的黑马”。1997—1998赛季再上台阶获得第五名，1998—1999赛季获得第六名，之后，主教练李秋平大胆起用青年选手姚明、刘炜、贾孝忠等年轻队员，在联赛中锤炼他们，在1999—2000及2000—2001的两届联赛中获得亚军，并在2001—2002的联赛中攀上了顶峰，荣获冠军。不过随着姚明的离去，上海东方队又陷入了低谷，2002—2003和2003—2004赛季均获得第十名，2004—2005赛季获得第九名，2005—2006常规赛南区获得第五名。

东方男篮素来秉承上海篮球快速、机动、灵活、准确的技战术风格，攻防讲究整体配合，高快结合、内外结合、灵活多变的打法，力求在外线攻击力大大增加的同时，近、中投等多点进攻。尤其注重防守，往往以并不高的得分而最终克敌制胜。但这支队伍的致命弱点是情绪不稳定，容易导致技术发挥落差大。

四、江苏南钢俱乐部篮球队

江苏南钢是CBA老牌球队，近几年里突飞猛进，从一个中游球队成长成为联赛中数一数二的球队，这与该队年轻队员的成长是分不开的。在孟达、易立等队员逐渐成熟的时候，江苏队也开始复苏。曾经获得最佳新人的胡雪峰在伤愈复出后依然勇猛，他盘活了江苏队的整个进攻体系。而张成等队员也在胡卫东的带领下越战越勇。江苏队在近几年来一步一个台阶，从联赛的下游冲刺到联赛第三，2004—2005赛季又一举获得联赛亚军。江苏男钢曾经在CBA中有“万年老九”的称号，但近几年年轻队员的成长与优秀后备队员的涌现使江苏队有了充足的球员资源。经过磨练后，江苏队势必成为一支强龙，并在几年内有与广东宏远抗争的实力。

胡卫东是CBA联赛第一代球星，曾两夺CBA最有价值球员奖杯，而立之年的他宝刀不老仍是江苏队不可或缺的人物，经验丰富、技术全面、三分远投功夫了得，传球助攻能力日臻成熟，有“CBA乔丹”之美誉。胡卫东的退役说明江苏篮球一个时代的结束。张成有“胡卫西”之称，他已经从年轻球员中脱颖而出，随中国男篮征战东亚运、亚锦赛、大运会三项国际赛事，表现抢眼。如今，唐正东、孟达等队员已逐渐成熟。唐正东在经过一段时间的调整后，已经从国家队的失意中解脱出来，心态上也应该更加稳定一些，在联赛中，他依然可以发挥出色。而从小将韩硕被调入一队也能看出江苏队启用新人的决心。近三年，江苏南钢队伍换血初见成效，成绩名列前茅，并以活力四射和冲击十足赢得“青年近卫军”的称号。

江苏南钢队是典型的南派风格，更多地强调内线强打和内外线配合的打法。易立位置的多面性会让南钢队在战术布置上更加充裕。队员技术全面，配合细腻，全队战术多变，快速灵活，攻击点分散，三分球颇具威胁。在此基础上，讲究内外结合，随着唐正东的成长，这一特点更加突出。该队充满激情，一旦打顺了、投疯了，很难抵挡，与之相对应的是队伍发挥不稳定，起伏比较大。

CBA 战绩：1995—1996 赛季第七名，1996—1997 赛季第五名，1997—1998 赛季第十一名，1998—1999 赛季第十名，1999—2000 赛季第八名，2001—2002 和 2002—2003 赛季第九名，2003—2004 赛季第三名，2004—2005 赛季第二名，2005—2006 赛季南区第三名。

2006 年，胡卫东将继续担任球队主教练，并获得了优秀主教练的荣誉。球队除张成、胡雪峰、唐正东三名前国家队队员外，目前有国家青年队队员孟达、易立、杨力三人。全队阵容整齐，斗志高昂，是 CBA 阵营中谁都不敢小视的一条蛟龙。

五、辽宁盼盼俱乐部篮球队

辽宁篮球队曾是国内的篮坛劲旅，多次获得全国比赛的冠、亚军。辽宁是众所周知的体育大省，也曾是人才资源最丰富的地区。多年来，辽宁虽没有出过什么了不起的大牌球星，但其体育实力雄厚，举国公认。1987 年、1993 年和 1997 年，辽宁队均获全运会男篮银牌，在 20 世纪 80 年代末期和 90 年代初期的全国甲级联赛中，辽宁队更是不可一世，曾数次击败八一队而获得桂冠。但在职业化后，辽宁男篮战绩开始一步步下滑，一部分原因是辽宁队队员的外流现象相当严重，再就是新老队员的更替一直是该队无法解决的问题。在 CBA 前 6 个赛季里，辽宁男篮给人的印象是勇猛而稳定，防守硬朗，拼抢凶狠，内能强攻，外能远投，与之匹配的是稳定的成绩。但在 2000 年后，辽宁队的成绩有所下滑。在 2004 年后，随着边强、张庆鹏、杨鸣、谷立业等新生力量的日渐成熟，老帅蒋兴权的鼎力加盟，让辽宁男篮重新杀回了 CBA 强队的行列。

2005年辽宁队又上调了几名年轻队员，其中卢伟在全运会上表现出色，其外线攻击力让人眼前一亮。而最大的变化是接君远走福建和郭士强退役担任该队的助理教练。在人员上，辽宁队的外线一直是各队严密防守的对象。其战术打法：辽宁队一直以其犀利的外线称雄，其队员防守积极，但内线实力较弱，在比赛中，快攻与精准的三分远投让对手防不胜防。

CBA战绩：1995—1996赛季第三名，1996—1997和1997—1998赛季第七名，1999—2000赛季第二名，2000—2001赛季第七名，2001—2002、2002—2003赛季第十一名，2003—2004赛季第十二名，2004—2005赛季第五名，2005—2006赛季北区第三名。

六、北京鸭首钢俱乐部篮球队

北京首钢男篮是我国篮坛上的一支老牌甲级劲旅，前身是北京男篮，曾两获全运会冠军，获全国联赛冠军1次、亚军7次。1988年北京市体委与首钢共建北京篮球队，故更名北京首钢队，1987年11月建立俱乐部。北京队从最初的四名队员到如今拥有大批球迷支持的甲级劲旅首钢男篮，北京篮球走过了一条曲折而又光辉的道路，北京男篮先后培养了王忆诚、李东兴、刘建立、闵鹿蕾、巴特尔、焦健等篮坛名将。自CBA联赛开展以来，该队成绩一直名列前茅。1995—1996、2000—2001赛季均获得第三名，但在1996—1997赛季陷入保级战，靠临时引进外援和内援才得以保级成功，最终名列第九。2001—2002赛季获第五名。队内拥有“三分王”张敬东，抢断突出的刘宏威，前国家队队员焦健，作风顽强、攻击力强的后卫张云松，还有上个赛季初露头角的新秀陈磊。在2002—2003赛季巴特尔不在的情况下也获得了第四名。但在2003—2004赛季，成绩滑坡较大，仅排名第十。2004—2005赛季，随着巴特尔的回归，北京首钢一度成为夺冠的大热门，但是他们没能闯过八一队这一关，最终排名第六，2005—2006 赛季北区排名第一。

战术特色：北京篮球在 20 世纪 90 年代以训练严谨、科学规范而著称，形成攻守兼备、内外结合、以内为主和快速反击的风格，并培养出一批批著名教练和国手。但近年来受商品大潮的冲击，加之观念保守、训练粗糙，导致军心不稳。近期在市体委、首钢领导的共同关注下，队伍进行了调整，凝聚力有所加强。全队打法以内为主，内外结合，快慢结合，突出反击速度，在注重个人防守的基础上，加强整体防守意识。

七、八一中国电信女篮

八一女篮 1951 年建队，直到 2006 年走过了 55 年的光辉历程，曾为国家队培养了一大批优秀运动员，国家队的大部分成员来自八一队，具有代表性的是现领队郑海霞。她曾四次代表国家队参加奥运会、世界锦标赛和洲际比赛，为中国女篮夺取世界亚军作出了巨大贡献。八一女篮在参加全国比赛中同样取得了非常优异的成绩，在第五、六、七、八、九届全运会上均获得冠军，在国内外享有很高的声誉，并且在 WCBA 联赛中蝉联四届冠军。现又培养出一批非常有潜力的年轻队员，如陈楠、隋菲菲、张晓妮、陈丽莎等。

截至 2006 年，WCBA 已举办五届，八一队获得了前四届冠军。在 2004—2005 赛季上，八一队虽受到其他各队发起的强烈冲击，但仍是一路高歌猛进，红旗飘扬，以 14 胜 2 负的战绩列常规赛第一，在季后赛中以两个漂亮的 2：0 分别战胜沈部三洋、黑龙江辰能队挺进总决赛；总决赛的对手——辽宁宝城女子篮球队是八一队在 WCBA 历届总决赛中所遇到的最强劲的对手。在 2005—2006 赛季上，八一队未能进入最后决赛，最后获得第三名。

八一女篮具有强烈的荣誉感和责任感，特别强调队伍的整体战斗力和凝聚力，并且非常能吃苦耐劳，在全国女篮队伍中一直以作风硬朗著称，技术、战术风格特点突出，善于防守，内外结合好，已形成一套内线强攻、外围远投、穿插突破、能攻善守的战术体系，是一支年轻富有朝气、充满希望的运动队。

八、辽宁宝城女子篮球队

辽宁宝城女子篮球队是我国女篮队伍中一支久负盛名的老牌甲级劲旅，多年来这支队伍曾经培养了多名国家队队员，征战国内外赛场，取得过许多辉煌的战绩。1998 年以来，曾多次获得甲级联赛、全国锦标赛、全国俱乐部超级联赛和全运会冠亚军，为国家队培养和输送过大批的优秀运动员，有过出色的历史成绩，在全国各大赛事中多次名列三甲，在 2004 年 WCBA 赛季上获得第三名。在现役的队员中，王玲、陈晓丽、韩春奇、贾光等四人先后入选国家队，参加了世界锦标赛、世界大学生运动会、亚运会、亚洲锦标赛。另外还有张瑜、张伟、王婷婷、陈玲、马增玉等年轻选手入选国家青年队。

2004—2005 赛季，辽宁女篮在老教练张秉宽的带领下，在缺少主力二中锋王玲的情况下，仍以 12 胜 4 负的战绩列常规赛第三名，同时她们在主场保持了 9 胜 1 负的骄人战绩。进入季后赛后，她们先以 2∶0 的比分淘汰了广东队，接着以 2∶1 的总比分战胜了强劲对手江苏队，首次进入 WCBA 总决赛，最终获得 WCBA 第二名。2005—2006 赛季 WCBA 最后决战中，辽宁女篮在丹东主场以 82∶70 的比分击败了沈部三洋女篮，历史上首次夺得 WCBA 冠军，这次总决赛实行三战两胜制，前两场辽宁和沈部在各自主场都取得了胜利，由于常规赛中辽宁排名靠前，所以拥有一个主场优势，正是这个主场优势让辽宁女军笑到了最后。

第十章　世界著名篮球运动员

一个多世纪以来,篮球运动以他独特的魅力吸引了全世界数十亿人,同时也涌现出了大量的著名篮球运动员,如“天勾”贾巴尔、“魔术师”约翰逊、“空中飞人”乔丹等等。这些闻名世界的球星,都具有非常高的训练水平,他们身体素质好,技术扎实,经过刻苦训练,创造了自己独特的精湛技术,征服了亿万观众的心,激荡着球迷的狂热。在中国近代篮球发展史上,也涌现出了一批著名的篮球运动员。正是他们较快地接受了西方的篮球运动,才逐渐地丰富了我国篮球的技术、战术内涵,也正是他们探索与总结了中国篮球运动的不同流派和初步形成的独特风格。本章主要介绍国内外著名的篮球运动员。

第一节　国外著名篮球运动员

一、汉克·路易塞蒂

汉克·路易塞蒂是 20 世纪 30 年代世界最优秀的球星,因首创单手投篮并第一个成功地运用到正式比赛中去而被称为“单手投篮的鼻祖”。在斯坦福大学的四年中,路易塞蒂创造了得分累计高达 1596 分的美国全国纪录,并三次荣获全美最高荣誉,成为全美的新闻人物。

汉克·路易塞蒂是单手投篮的首创者,是篮球运动改革的先驱。时至今日,人们仍以崇敬的心情怀念着他:斯坦福篮球纪念馆里还挂着他驰骋篮坛时穿的那件褪了色的“7号”球衣；在美国篮球荣誉纪念馆，“单手投篮创造者”的题词引人注目。

二、乔治·迈肯

乔治·迈肯于1924年2月18日出生，身高2.08米，是美国篮坛第一个巨人，曾3次获得全美大学“最佳球员”称号，6次获得NBA总冠军，3次成为NBA最佳射手，是NBA 50年历史上第一位真正的“超级明星”，1959年入选“美国篮球名人堂”。他是第一个统治篮球运动的超级巨星。

迈肯利用自己的身高打“篮下”，是一个内线得分手，就像今天的奥尼尔。为了削减迈肯独有的禁区威力，NBA从1951—1952赛季开始将禁区宽度扩大一倍，从6英尺增加到12英尺，目的是增大迈肯的篮下得分难度。在40年代后期和50年代初期，他曾威震篮坛，对篮球运动的发展作出了不可磨灭的贡献。迈肯在球场奋战了9年，一直是职业选手中的最佳得分手、最佳抢篮板球手和最佳妙传手。他在九个赛季中累计得分达11764分，平均每场得22.6分，其中有九场球赛，平均每场得分44分以上。得分最高的一场比赛是1952年与罗彻斯特皇家队的那场比赛，他个人独得61分，成为那个时代令人难以置信的个人得分最高纪录者。从1948年至1954年六个赛季中，他在明尼阿波利斯湖人队大显身手，每年均被选为全美职业明星队的队员。

退役之后，迈肯在1957—1958赛季还曾执教过湖人队一段时间。1967—1969年，迈肯成为ABA联盟（当时另外一个职业篮球联盟，后与NBA合并）第一任总裁。

三、鲍勃·库西

鲍勃·库西于1928年出生，身高1.85米，1970年入选“美国篮球名人堂”。1989 年,担任奈史密斯博物馆这个篮球最高荣誉机构的主席。

从 1952 年到 1961 年,他作为组织后卫被选入 NBA 最佳阵容,6 次夺得 NBA 总冠军,1 次获 NBA 年度 MVP 奖,8 个赛季在助攻次数上排名 NBA 第一,10 次入选 NBA 全明星队,2 次当选全明星赛 MVP。他在 1952—1960 年期间八度盘踞助攻王宝座,此外他也经常在得分及罚球命中率的排行榜上名列前茅。库西的许多动作被拍成了电影,作为篮球训练的教材和示范。库西是第一个为篮球运动加入艺术因素的球员。

鲍勃·库西任教后,曾率领美国国家队夺得过奥运会冠军。1969 年,他被评选为该年度美国职业篮球协会的最优秀教练员。

四、张伯伦

威尔特·张伯伦于 1936 年 8 月 21 日出生,身高 2.16 米。他是篮球历史上第一位全才,1978 年入选“美国篮球名人堂”。60 年代和 70 年代初他在美国职业篮坛上叱咤风云,被誉为现代篮球史上最优秀的选手和球王。1956 年张伯伦加盟 NBA 的费城武士队(后转会至湖人队),开始了他传奇式的职业生涯。虽然他只获得过 2 次 NBA 总冠军,但他完美的全才技能却很少有人接近。获得的荣誉有:7 次成为 NBA 得分王;11 次成为 NBA 篮板王,1968 年还当了一回 NBA 助攻王;在 1961—1962 赛季,创下了单季 4029 分的得分纪录,在 82 场比赛中平均每场得分 50.4 分。1962 年 3 月 2 日,他在和纽约尼克斯队比赛中一人得了 100 分,以后再也无人接近这个纪录。

张伯伦还保持着 23924 个篮板球的 NBA 纪录。他是第一个突破得分 3 万分大点的 NBA 球员。在他 14 年的 NBA 生涯中,共得了 31419 分,后来贾巴尔用了 16 个赛季才突破这一纪录。

五、比尔·拉塞尔

比尔·拉塞尔于1934年出生，身高2.06米，1956年获奥运会篮球金牌，11次获NBA冠军（包括一次“八连冠”），5次当选为NBA最有价值球员，1967年成为NBA历史上第一位黑人主教练。拉塞尔是篮球历史上最伟大的防守型中锋，1974年进入“美国篮球名人堂”。

拉塞尔虽然作为一名中锋，身高不出众，但他的身体素质非常出色：100米成绩10.06秒，400米成绩49秒，跳高成绩2.09米。他的爆发力惊人，跳起后手可轻松地摸到篮板上沿。他那半空封盖式防守，令对手望而生畏，因而被誉为“防守天才”。他在职业篮坛比赛中一共抢得两万多次篮板球，仅次于张伯伦，特别是抢到篮板球后能在空中迅速把球传给同伴和发动快攻而令人叫绝。他的两次进攻补篮和左手勾手投篮也常常使对手防不胜防。比尔·拉塞尔曾三次被评为“美国职业篮坛最杰出的运动员”，年年获“最有威胁的运动员”称号。

1969年，他与另一名职业球星比尔·布兰德利一起，荣获“奥斯卡”金奖。这是美国授予艺术、文学、音乐、建筑、体育领域具有杰出才能的个人最高荣誉奖。1969年，他结束职业运动员生涯后担任了篮球电视评论员。

六、谢·别洛夫

谢·别洛夫于1944年出生，是苏联的功勋运动健将，曾多年担任苏联国家男篮的队长和主力后卫，他还是奥林匹克金质奖章获得者。从1966年至1980年，参加1972年慕尼黑奥运会、第五届和第七届世界锦标赛、4届欧洲锦标赛和两届欧洲杯赛，均夺得冠军，是11届全苏冠军队的主力队员，也是苏联篮球运动员中担任国家队队员时间最长的运动员，并荣获过苏联“荣誉”勋章和“劳动”勋章。

谢·别洛夫连续参加了 4 届奥运会、4 届世界锦标赛和 7 届欧洲锦标赛，这在国际篮坛上是绝无仅有的。在 1970 年第六届世界锦标赛上，苏联队名列第三，但别洛夫却被行家们评为这届比赛的最佳运动员，并入选世界最佳阵容。此外，在 1974 年第七届世界锦标赛后，他被一致推选为欧洲联队队长，带领南斯拉夫的乔西奇、意大利的梅内京、西班牙的布拉本德等著名球星与美国队进行了较量。与此同时，国际篮联也给他颁发了篮球运动员的最高奖赏——荣誉杯，这是对谢·别洛夫光辉而漫长的篮球运动生涯的最好表彰。1963 年后，他在乌拉尔机器篮球队脱颖而出，以“神投手”而闻名苏联篮坛。1965 年赛季结束后，谢·别洛夫被选入国家队和苏军中央体育俱乐部队担任后卫，直到 1980 年奥运会后退役。

七、乔西奇

乔西奇是南斯拉夫男子篮球运动员，中锋。他技术全面，动作灵活，能攻善守，反击速度快，战术意识强，进攻位置多样化，既能在外线策应，又能在内线得分，中远距离投篮准确。1969—1986 年，曾作为南斯拉夫国家队队员参加 4 届奥运会、4 届世锦赛、8 届欧洲锦标赛，并获 1968 年第十九届奥运会篮球银牌，1976 年第二十一届奥运会银牌，1980 年第二十二届奥运会金牌，1970、1975、1978 年世界锦标赛冠军及欧洲男子篮球锦标赛冠亚军 7 次。1972 年入选美国全明星队，是欧洲第一个进入全明星队的成员。

乔西奇退役后没有与篮球绝缘，担负起国家篮球队第七任负责选拔运动员的工作，成为南斯拉夫篮球界的伯乐。

八、贾巴尔

卡里姆阿卜杜·贾巴尔1947年4月16日出生,身高2.18米,在20年NBA生涯中所获的荣誉令任何其他职业篮球选手难以相比:最佳新人奖、NBA总冠军6次、NBA MVP奖6次、NBA总决赛MVP奖2次、参加NBA全明星赛19次、得分王2次。他拥有8项NBA季后赛纪录和7项全明星纪录,在1989年退役时有9项主要的统计数据名列NBA第一:①总得分38387分,比排在第二的张伯伦高了7000多分;②共打了20个赛季;③5762分的季后赛得分;④6次获"MVP"称号;⑤57446分钟的上场时间;⑥参赛1560场;⑦28307次出手投篮;⑧15837次命中;⑨3189次盖帽。他的"天钩"这一雅号闻名世界,1995年入选"美国篮球名人堂"。

1967—1969年,他3次获得"全美大学最佳选手"称号。在雄鹿队的6年中,他4次当选为MVP,形成他篮球生涯中的第一个高峰。1976年6月16日,贾巴尔转会到湖人队,为此队效力14个赛季。1980年,这名天才中锋和天才后卫"魔术师"约翰逊结合,此后为湖人队建立了近10年的霸主地位,并在1980、1982、1985、1987和1988年共5次夺得NBA总冠军,2次当选为NBA MVP,开创了他篮球生涯的第二个高峰。

九、埃文·约翰逊

埃文·约翰逊生于1959年8月14日,身高2.06米。他从小就入迷似地苦练篮球,还在中学的时候,他就因为出色的篮球技术而被当地报纸的记者称为"魔术师"。

约翰逊技术全面,是NBA历史上最优秀的组织后卫之一,同时他还可以胜任任何其他位置,是一个全能球星。约翰逊的推进速度极快,传球的技巧变化多端,常常为队友创造出极佳的进攻机会。1970 年,约翰逊以第一轮第一位入选湖人队。在加入湖人队的第一个赛季就助队夺得 1980 年的总冠军,他率队赢得了他第一枚冠军戒指,同时获 NBA 总决赛的 MVP 奖。在约翰逊的篮球生涯中,他于 1987、1989、1990 年三获 NBA 年度 MVP 奖,5 次(1980、1982、1985、1987、1988)夺冠。1992 年,他和拉里·伯德两人作为联合队长,带领梦之队横扫巴塞罗那,夺得了他第一枚也是最后一枚奥运金牌。"魔术师"也是 NBA 官方记录统计中获得"三双"最多(138 次)的球员。

十、迈克尔·乔丹

一个集优雅、力量、艺术、即兴能力于一身的卓越运动员,迈克尔·乔丹重新定义了 NBA 超级明星的含义。他是世界上公认最棒的。他不仅仅是在他所处时代的最佳运动员,而且几乎是 NBA 中最棒的。他在 1984 年获得了奈史密斯奖和伍登奖。

1984 年,他被芝加哥公牛队在 NBA 选秀第三位选中。在 1984—1985 赛季以平均每场 28.2 分的表现赢得 NBA 年度新秀奖。1986 年由于脚伤,他缺席了 64 场比赛,但是在同年的季后赛中复出并且在第一轮与波士顿凯尔特人的比赛中拿下了 63 分。从 1986—1987 赛季开始,乔丹开始了他漫长的冲击 NBA 纪录的历程,那年他以平均每场 37.1 分开始了他连续七个赛季成为赛季得分最高的纪录。当他在 1993 年宣布退役时,已获得了 3 个赛季 MVP,1 次 NBA 年度防守球员,蝉联两次扣篮大赛冠军,7 次 NBA 第一阵容和 6 次 NBA 防守第一队员。他 9 次入选全明星阵容,在 1988 年的一次 40 分钟的演出后获得联赛"MVP"称号。1994—1995 赛季后期,他复出,并在 1995—1996 赛季以超越张伯伦一次的成绩创下了第八次"得分第一"的历史性纪录。直至 1997—

1998赛季，乔丹始终保持着神勇状态并带领公牛队历史性地夺得90年代的6次总冠军。迈克尔·乔丹也是惟一在全明星达到“三双”的球员。乔丹和皮蓬还是历史上惟一一对队友在同一场比赛中同时拿下“三双”的球员。

十一、沙奎尔·奥尼尔

沙奎尔·奥尼尔于1972年3月6日出生，身高2.16米，1992年当选年度最佳新人，入选梦之二队和梦之三队，获1996年亚特兰大奥运会金牌，曾3次获得NBA总决赛“MVP”称号；1999—2000赛季，荣获常规赛“MVP”称号；4次入选NBA最佳阵容；9次入选全明星阵容（1993—2002）；5个赛季（1993—1994、1997—1998、1998—1999、1999—2000、2000—2001赛季），投篮命中率列NBA第一位，1996年以自由球员身份加盟湖人队，2004年7月14日被交换到热队。他是NBA历史上最伟大的五十名球员之一。

在短短的3年时间内，他获得了一次“得分王”称号，并且将一支原来根本进不了复赛的队伍，第一年带到季后赛门口，第二年带进了八强，第三年带进了总决赛。1996—1997赛季开始前，奥尼尔又一次掀起轩然大波，他与洛杉矶湖人队签订了一份7年1.2亿美元的合同，这是篮球历史上前所未有的巨额合同。

在魔术队的3年，在他进入NBA的第一个赛季，便有3次在扣篮的时候将篮板和篮筐拉坏，最后竟然将一座篮球架给拉倒。奥尼尔是继1981—1982赛季的迈克尔·乔丹之后，第一位在全明星赛中以新人身份开场的队员，他毫无争议地当选为年度最佳新人。来到湖人队后，奥尼尔继承围绕高大中锋作战的湖人队传统，挑起继张伯伦、贾巴尔后重振湖人雄风的历史重任，再次向NBA总冠军发起猛攻。2000—2002年率湖人队三获NBA总冠军，荣获2000、2004年NBA全明星赛“MVP”称号。场外的奥尼尔是一位摇滚歌手和影视演员，他已经出了自己的数张歌曲专集，并出演了若干部影片。

十二、阿列克谢耶娃

阿列克谢耶娃在苏联几乎无人不晓，在国外也随着苏联女篮的声誉而名扬四海，人们亲切地称呼她为“莉达”。

从1962年到1983年的20多年中，她率领苏联女篮征战全世界，在奥运会、世界锦标赛和欧洲锦标赛中取得了骄人的战绩，使苏联女篮赢得了很高荣誉。第二次世界大战后，她被选入国家队并担任队长，在1950年至1956年4届欧洲锦标赛中，莉达作为队长和主要得分手，率领全队接连4次为苏联赢得了“欧洲冠军”称号。

作为苏联国家女子篮球队主教练，她根据苏联女队员身高、体壮和力量好的特点，创造了一套能发挥本国队员长处的打法——朴实、简练、实用。60年代初，她训练出身高2米的萨利莫娃，并且在1968年把身高2.10米、年仅17岁的谢苗诺娃吸收进国家队，并很快把她培养成世界上威胁性最大的女篮中锋。

鉴于她把全部精力贡献给了苏联的篮球事业和为苏联在全世界赢得了极高的荣誉，苏联政府曾先后授予她列宁勋章和红旗劳动勋章。

十三、谢苗诺娃

谢苗诺娃被称为“女篮王后”，是苏联国家女篮主力中锋，身高2.10米，也是世界篮坛最高的女篮队员。

她在1968年进入篮坛后，很快成为世界上威胁性最大的女篮中锋。直到1986年离开苏联女篮，1987年12月，已经35岁的谢苗诺娃离开苏联，到西班牙廷托雷托俱乐部效力。她在近20年的篮球运动生涯中，参加了260多场国际比赛，为苏联女篮在2次奥运会（1976、1980）、3次世界锦标赛（1971、1975、1983年）和13次欧洲锦标赛（1968—1984年）上夺得冠军建立了不可磨灭的功绩。苏联政府于1984年授予她列宁勋章。

由于谢苗诺娃为世界篮坛作出了巨大贡献，1993年被选入“美国篮球名人堂”。

十四、韦尔斯

韦尔斯是美国国家女篮的灵魂队员，曾四度被评为美国最佳女子篮球运动员。

韦尔斯能做出一系列类似“跳起后转身360°投篮”这些男子化动作。技术上的提高和球艺的进步，使她成为洛杉矶大学女篮和美国国家女篮的“灵魂”。1976年，韦尔斯与队友一起夺得奥运会女篮比赛亚军。

十五、尔·米勒

尔·米勒身高1.92米，身体素质好，弹跳力相当强。她16岁还在上高中时就入选美国女篮准备参加1980年莫斯科奥运会，后因美国抵制这届奥运会，米勒未能在奥运会上一显身手。1981年2月，高中生米勒曾在全场32分钟的一场比赛中，一人独得105分，创下了全美女篮选手一场比赛个人得分的最高纪录。特别令人惊讶的是，她在这场比赛中表演了高超的单手扣篮动作，成为世界女篮史上第一个会扣篮的女篮队员，并在1983年登上了全美大学生女篮联赛冠军的宝座。

米勒曾参加过1983年第九届世界锦标赛、1984年洛杉矶奥运会和1986年第十届世界锦标赛，先后为美国队夺得世界亚军、奥运会冠军和世界冠军作出了贡献，并被选入“最佳阵容”。

第二节 中国篮坛著名篮球运动员

一、钱澄海

钱澄海于1934年出生，浙江鄞县人，身高1.81米。1955年，21岁的钱澄海入选国家男篮，1972年起担任国家男篮主教练，曾率领国家队连续获得5届亚洲锦标赛冠军，1984年第二十三届奥运会第十名和1986年第十届世界锦标赛第九名。他先后担任过北京市崇文区人大代表、北京市人大代表及全国人大代表，现任中国篮球协会副主席、中国篮球协会技术顾问。

钱澄海当运动员时很有名气，曾长期担任国家队队长。他球艺娴熟，善于发动快攻，急停跳投准确，是一位攻击力强的后卫。他通过摸索、实践，总结出了中国篮球哲学并且在小个子运动员中运用了“紧逼、快攻、跳投”这三大法宝，发扬快速灵活的特点。为了表彰钱澄海所作出的贡献，国家体委授予他“全国体育优秀标兵”称号。

1972年，他当上了国家队的主教练，将中国男篮调理得有声有色。他针对世界不同强队，组织不同打法，使中国男篮在亚洲确定了霸主地位。80—90年代他成为全国十佳教练员之一，1999年被选为新中国篮球运动员五十杰之一。

二、杨伯镛

杨伯镛是云南建水人，身高1.80米，著名男子篮球运动员。他身体素质好，作风顽强，投篮准，突破能力强，善于将投篮与突破两者密切结合。1954年，年仅20岁的他进入国家队，此后多次参加国际比赛。1963 年,作为国家男篮的主力队员,他参加了第一届新兴力量运动会,为中国荣获冠军立下了汗马功劳。1966 年,他出任国家青年女篮主教练,后改任广州军区男篮主教练,由于他带队有方,广州军区男篮曾于 1974 年获得全国甲级联赛冠军。1970 年他出任广州部队男子篮球队教练。1981 年至 1986 年,他再次担任国家女篮主教练,是中国女篮在历史上成绩最好的时期。1987 年担任国家体育总局运动二司篮球处处长和副司长,1999 年被选为新中国篮球运动员五十杰之一。

主要成绩:1982 年率领国家女子篮球队参加第九届亚洲运动会篮球比赛,获冠军;1983 年率领国家女子篮球队参加第九届世界女子篮球锦标赛,获第三名;1984 年率领国家女子篮球队参加第二十三届奥运会女子篮球比赛,获第三名。

三、匡鲁彬

匡鲁彬于 1956 年出生,黑龙江呼兰人,国家队著名后卫,身高 1.93 米。曾代表武汉部队篮球队、八一篮球队,多次获得全国冠军。1978 年被选入国家队,获第八、九届世界男子篮球锦标赛第十一名和第十二名,获第九届、第十届亚运会冠军和亚军,1979、1981 和 1983 年第十、第十一、第十二届亚洲锦标赛冠军,1984 年第二十三届奥运会第十名。他攻守兼备,技术全面,中距离跳投准确,是国家男篮的主力队员。在 1983 年第十二届亚洲篮球锦标赛上被选入亚洲明星队。

1987 年在八一男子篮球队任教练员兼队员,从八一队转业后到国家体育总局篮球处工作,并于 2001 年任国家体育总局篮球中心运管部主任。多次担任国字号队伍领队获得亚洲锦标赛冠军。1999 年被选为新中国篮球运动五十杰之一。

四、宫鲁鸣

宫鲁鸣于1957年出生，江苏徐州人，运动健将，核心后卫。他的个人技术较全面，控制支配球的能力强，善于组织反击，传球及时、准确，有较强的攻击力，远投较强，防守脚步动作灵活。1973年被选入江苏省代表队，获全国中学生运动会男篮冠军。1976年代表江苏省男篮参加全国甲级联赛、全国锦标赛和两届全运会篮球比赛，多次名列全国第二、第三名。1981—1990年曾入选国家队参加日本麒麟杯、罗马尼亚世界大学生运动会、日本国际邀请赛、捷克斯洛伐克大奖赛。参加了1986年第十一届世界男篮锦标赛和第十届亚运会、1990年第十一届世界男篮锦标赛和第十一届亚运会篮球比赛、1988年第二十四届奥运会男篮比赛。1977年在江苏省青年队时该队曾荣获集体二等功，在1983年第五届全运会上被评为最佳抢断球手，1984年成都全国联赛上获最佳远投、抢断球两项技术奖。1987年第六届全运会上被评为最佳后卫和最佳远投手。1999年被选为新中国篮球运动员五十杰之一。

五、孙凤武

孙凤武于1962年出生，江苏淮安人，身高1.85米，国家男子篮球队主力队员，核心后卫。1980年，他从江苏省队被选入国家青年队，在1983年为国家男子篮球队主力后卫。他技术全面，运球、突破能力强，行进间传接球技术熟练，投篮准确，战术意识和组织能力强。1983年第五届全运会上被评为优秀得分手，同时在亚洲篮球锦标赛上被选为亚洲最佳阵容、最佳防守队员，曾获江苏省体育荣誉奖。他参加过两届世界锦标赛、奥运会、亚运会和多次亚洲男篮锦标赛，被我国篮球专家誉为20世纪80年代中国男篮最杰出的后卫，多次荣膺“亚洲最佳后卫”称号。

1999年被选为新中国篮球运动五十杰之一。

六、胡卫东

胡卫东于1971年出生，江苏徐州人，国家男子篮球队主力前锋。他的技术特点是动作灵活，手感极佳，远投奇准，抢断、突破迅猛巧妙，技术全面。

1987年至2004年先后在江苏青年队、江苏队、国家青年队、国家队效力。期间，所参赛的队曾获得1993年世界大学生运动会第三名，东亚运动会冠军，1994年、1998年亚运会冠军，1995年、1997年、1999年亚洲锦标赛冠军、季军、冠军，1993年、1997年全运会第三名、第八名，1994年全国男篮甲级联赛第十名，1995—1996、1996—1997、1997—1998、1998—1999和1999—2000赛季全国男篮甲A联赛第十名、第五名、第七名、第十一名、第八名。个人获得1993年全运会"得分"、"三分球"、"快攻"、"抢断"奖，1995—1996、1996—1997赛季全国男篮甲A联赛"MVP"称号，1995—1996、1996—1997、1999—2000赛季全国男篮甲A联赛"得分王"、"三分王"、"抢断王"称号，并多次选入甲A联赛最佳阵容。2000年9月，参加在悉尼举行的第二十七届奥运会男篮比赛，与队友合作获得第十名。CBA2001—2002、2002—2003赛季获得第九名，2003—2004赛季获得第三名。2004年任江苏队主教练。

1999年胡卫东被选为新中国篮球运动员五十杰之一。

七、王治郅

王治郅生于北京，1991年12月进入八一青年男子篮球队。1993年初入选中国少年特殊身材篮球队，并于同年入选中国青年男子篮球队，后加入八一男子篮球队。1994年底入选国家男子篮球集训队，1995 年入选国家青年队。1996—1999 年连续 4 年入选国家队。1999 年 6 月，在美国 NBA 选秀大会上被达拉斯小牛队选中，成为第一个在正式选秀大会上被 NBA 球队选中的亚洲球员。2000 年 3 月，入选国家男篮。2000 年 9 月参加悉尼奥运会。

王治郅的球性、意识、反应、速度俱佳，能强攻，也能中投，上篮、盖帽、扣篮、篮板等都是他的长项，1996 年奥运会上，王治郅充分表现出了自己独有的篮球天才。他不仅在迎战安哥拉、阿根廷两支劲旅中大显神通，而且在与美国梦之三队比赛时也上演了一出好戏：罗宾逊超手投篮，王治郅像老虎捕食一样将球盖死；对奥拉朱旺，王治郅也展示了盖帽的才能。整场比赛中他一人独得 10 个篮板球。

八、姚明

姚明于 1980 年 9 月 12 日出生于上海的一个篮球世家，身高 2.26 米。9 岁那年，姚明在上海徐汇区少年体校开始接受业余训练。由于从小受到家庭的熏陶，他对篮球的悟性逐渐显露出来。5 年后，他进入上海青年队；17 岁入选国家青年队；18 岁穿上了中国队服。最好成绩是亚洲男子篮球锦标赛冠军。

1997 年入选国家队；1998 年入选中国篮球明星队；1999 年入选中国篮球南方明星队；2000 年 2 月入选亚洲全明星队；2002 年赴 NBA 打球，如今在休斯敦火箭队（11 号）打中锋位置；2003、2004 年入选 NBA 全明星阵容。2005 年被评为全国劳模。

主要战绩：1997 年获亚洲青年男子篮球锦标赛冠军；1998 年入选中国篮球明星队；1999 年获亚洲男子篮球锦标赛冠军；2000 年 3 月获 1999—2000 赛季全国男篮甲 A 联赛篮板、扣篮、盖帽三个单项奖；2000 年 3 月入选 1999—2000 赛季中国男篮甲 A 联赛全明星阵容；2000 年获中国男篮甲 A 联赛亚军、中国城市运动会男子篮球冠军;2001 年获全运会男子篮球亚军、世界大学生运动会男子篮球亚军、全国男篮甲 A 联赛亚军;2002 年获亚运会男子篮球银牌、世界男子篮球锦标赛第十二名、中国男篮甲 A 联赛冠军并入选世界男子篮球锦标赛最佳阵容;2003 年获亚洲篮球锦标赛冠军。

NBA 战绩:2004 年首次进入 NBA 季后赛;2003—2004 赛季命中率排名第七;2004 年 2 月 23 日,在火箭队以 123∶121 三加时胜老鹰队的比赛中,创个人 NBA 生涯单场得分新高;2002 年成为 NBA 状元秀,进入休斯顿火箭队。

九、巴特尔

巴特尔于 1975 年 1 月 20 日出生在内蒙古,身高 2.10 米。曾效力的球队有丹佛掘金、圣安东尼奥马刺、多伦多猛龙、奥兰多魔术。最好成绩是奥运会(1996 年亚特兰大)第八名。

1986 年进入内蒙古青年队开始训练,并在同一年入选内蒙古青年队;1988 年转入北京青年队;1991 年入选国家青年队;1993 年入选国家队;2002 年赴美加盟马刺队。

主要成绩:1992 年亚洲青年锦标赛冠军;1993 年亚洲锦标赛冠军及第七届全运会篮球比赛篮板王;1996 年亚特兰大奥运会第八名;1998 年泰国曼谷亚运会冠军;1999 年、2001 年、2003 年亚洲锦标赛冠军;2002—2003 效力 NBA 圣安东尼奥马刺队,获总冠军;2003 年 7 月 17 日正式签约多伦多猛龙队;2004 年 1 月 3 日被多伦多猛龙队交换至奥兰多魔术队;2005 年 3 月参加 CBA 全明星赛并获得 MVP。

十、李楠

李楠于 1974 年 9 月 25 日出生,身高 1.98 米。1986 年进入大连市体校，1988 年进北京军区青年队，1991 年入选国家青年队，1996 年入选国家队。

李楠是一个能够激发人们想像力的球员，还有一个 NBA 版的绰号“微波炉”。其实这些都只是李楠众多特点中的一部分，他真正的角色是神通广大的“别动队特工”。李楠攻守全面，以善打硬仗、恶仗而著称。中远距离投篮命中率高，更为突出的是插入篮下的强攻，给任何一个队都具有很大的杀伤力；他是队里的主力得分手，多是肩负使命作为“第六人”出场攻敌要害、拯救危局，他是古龙笔下的“小李飞刀”在篮球场上的化身。

主要成绩：1996 年美国亚特兰大奥运会第八名，1998 年泰国亚运会冠军，1999 年亚洲锦标赛冠军，CBA2002—2003 赛季冠军，2003—2004 赛季亚军，2004—2005 赛季获得第三名，2005—2006 赛季获得亚军。

十一、刘玉栋

刘玉栋于 1970 年 10 月 23 日出生，身高 1.98 米，福建人，是国内最优秀的大前锋之一，有“战神”之称。

他打球的特点就像他性格一样稳健，刚毅、勇猛的刘玉栋永远是主帅心中最放心的一员虎将。他擅长中投，高手后仰投篮令对手难以防范，防守认真顽强，判断准确，卡位好，技术全面，作风顽强。他具有良好的心理和身体素质，在关键比赛中往往能起到稳定全队情绪的作用。近年来，他虽然伤病缠身，但还是一如既往地坚持高标准训练，给年青队员树立了好榜样。

1993 年初，吴乃群与刘玉栋争夺主力位置。在这一年的东亚运动会上，状态奇佳的刘玉栋光芒四射，在与韩国队的冠亚军争夺战中，最后 30 秒时投中一球，帮助中国队以 81：79 的比分打败老对手。1998 年亚运会决赛中，刘玉栋快攻当中双手爆扣入筐，让韩国人目瞪口呆，那场比赛中国队以 112：92 的比分击败韩国。2002—2003 年 CBA 常规赛，八一对阵吉林，刘玉栋在 42 分钟内豪取 48 分，拿下自己的单场最高分。八一队也借此以 124：116 的比分击败东北虎。2005 年同广东队的决赛中，广东队在第三节还剩 4 分 50 秒时，曾将比分逼近 53：55，刘玉栋的三分球奠定了解放军队胜利的大局，刘玉栋出场 30 分钟，拿下全场最高的 27 分，三分球四投全中。

主要成绩：代表解放军队获得七运会、八运会、九运会、十运会冠军；1996 年代表中国队获得奥运会第八名；1993 年、1995 年、2001 年代表中国队获得亚锦赛冠军；1994 年代表中国队获得世锦赛第八名，这是中国男篮在世锦赛上取得的最好成绩；1998 年代表中国队获得第十三届亚运会冠军、2002 年第十四届亚运会亚军；1995—2003 年代表八一队获得 7 次 CBA 冠军，CBA10 年最佳球员，CBA 历史上惟一一个单赛季独揽“联赛 MVP”、“常规赛 MVP”和“得分王”三大奖项的运动员。

十二、宋晓波

宋晓波于 1958 年出生，身高 1.82 米，北京人，原国家队队长，优秀篮球运动员，前锋。

宋晓波于 1971 年进入北京市什刹海业余体校，17 岁便成为国手，在 1976 年第六届亚洲女子篮球锦标赛上初露头角，在与三十多个国家和地区进行的一百多场国际比赛中，多次被评为最佳选手和优秀运动员。她技术全面，身体素质好，速度快，动作协调，拼抢篮板球狠，擅长过人突破，跳投出手角度多变，底线穿插灵活，是一名攻守俱佳的选手。1979 年和 1983 年代表北京队参赛获第四、第五届全运会冠军，1983 年第九届世界女篮锦标赛上被选入世界女篮最佳阵容，第三号最佳投篮手。1979 年、1982 年、1983

年被评为全国十佳运动员。在国家队的8年中,她率领全队获得1981年世界大学生运动会第四名,1983年代表中国女篮参加第九届世界女篮锦标赛获第三名,1984年第二十三届奥运会上获第三名,1985年参加第九届亚洲女篮锦标赛对南朝鲜队和日本队两役,她一人投进35分,为夺得亚洲锦标赛金杯立下了大功。1985年出任国家女篮助理教练。1999年被选为中国篮球运动员五十杰之一。

十三、郑海霞

郑海霞于1967年出生在河南商丘柘城县,12岁(身高1.77米)入商丘业余体校学打篮球,14岁穿起军装,成为武汉军区的一名篮球运动员。

1980年被选入武汉部队篮球队,因其身材高大而且灵活,很快被选入国家女篮青年队,1983年又入选国家女篮队。1982年和1984年代表中国青年女篮,两次获得亚洲青年女篮锦标赛冠军。1983年,代表解放军队获第五届全运会冠军,代表国家女篮获世界女篮锦标赛第三名。1984年又获得第二十三届奥运会铜牌。1986年在第十届世界女篮锦标赛上获第五名,第十届亚洲运动会上获冠军。她善跑善跳,篮下强攻威力大,是国家女篮的主要得分手。在国内比赛中曾被评为全国最佳阵容,1984年在奥运会预选赛中被评为最佳青年选手,1985年在第六届“波罗的海杯”国际女篮选拔赛中获“最佳得分手”奖和“最佳篮板球”奖,1986年在第十届世界女篮锦标赛预赛中获“最佳中锋”奖,在决赛中获“最佳得分手”称号。她还被评为“三八”红旗手和新长征突击手。1999年当选为中国篮球运动五十杰之一。

十四、邱晨

邱晨于1963年出生，江苏人，身高1.80米，运动健将，优秀女篮队员，后卫。自1978年起先后代表空军队、解放军队、国家青年队和国家女篮队，参加1982年第九届亚运会获冠军，1983年世界锦标赛上获第三名。1984年在第二十三届奥运会上获铜牌。1986年参加亚洲女篮锦标赛和第十届亚运会获冠军，参加第十届世界女篮锦标赛获第五名。

1987年初，无情的心肌炎迫使她离开了为之奋斗了15年的球场，离开球场那年她还不到24周岁。由于从小受父母的熏陶，痴心篮球，小小年纪就只身从成都来到北京，成为空军部队篮球队的一名“战士”。16岁起入国家队便打上了主力，7年来，身高1.80米的邱晨真是一步一个台阶。她身体素质好，作风勇猛顽强，基本功比较扎实，控制支配球的能力强，善空切、运球突破和跳投。1985年在有美、苏等强队参加的“波罗的海”杯女篮邀请赛上，她被评为最佳运动员和最佳阵容之一；次年在世界锦标赛分区赛中，又获得“最佳投手”奖。两次被评为全国“三八”红旗手和新长征突击手。1999年被选为新中国篮球运动五十杰之一。

十五、丛学娣

丛学娣，上海人，身高1.66米，国家队核心后卫。1981年进入上海青年队，创造了一种少有的投篮姿势，她自己戏称为“一只半手投篮法”。1982年进入上海队，1983年9月在第五届全运会上一鸣惊人，此后被召进国家队，担起了主力后卫的重担。

她身材矮小，但攻守技术全面，速度快，传球准确及时，善于妙传助攻，移动快速灵活，具有顽强的意志品质和良好而稳定的心理素质，控球能力强，投篮准确，尤其是三分球命中率甚高，这一绝招常在关键时刻起很大作用。

她比赛经验丰富,多次代表国家参加亚锦赛、亚运会,并且参加过3次世锦赛、3次奥运会,是我国女篮多次获得亚锦赛、亚运会冠军和1983年亚锦赛、1984年奥运会第三名及1992年奥运会第二名的功臣之一。1985年5月在波兰第六届“波罗的海”杯国际女篮邀请赛上,她荣获“最佳三分手”和“最佳技术”奖。

1993年从国家队回到上海队当运动员兼教练。1995年,上海市以她的名字命名创办了丛学娣篮球学校和丛学娣篮球俱乐部。

十六、苗立杰

苗立杰于1990年8月进入哈尔滨市队,1992年开始接受专业训练,入选哈尔滨华龙队,1994年9月(14岁)进入中国青年女篮,1997年第一次入选国家队,司职助攻后卫。1998年随队参加曼谷亚运会,2005年2月签约加盟WNBA萨克拉门托君主队。

国际比赛成绩:1994年,香港亚洲中学生篮球赛冠军,被评为“MVP”;1996、1998年亚洲青年锦标赛冠军,MVP;1998年亚运会第二名;2001年泰国亚锦赛冠军;2001年日本东亚运动会冠军;2002年南京世界锦标赛第六名;2002年釜山亚运会冠军;2004年日本亚洲锦标赛冠军,MVP;2004年雅典奥运会第九名。

国内成绩:2001—2002年中国女子联赛第四名,MVP、得分王、三分王;2002—2003年中国女子联赛第四名,常规赛MVP、得分王;2004—2005赛季WCBA得分王和MVP。

十七、隋菲菲

隋菲菲于1979年出生在山东青岛,身高1.84米,大学学历,前锋位置。

1993年起先后在济南部队青年队、济南部队、八一队、国家青年队、国家队效力。1997 年,第一次入选国家队,司职前锋,技术特点是突破能力强。曾获得 1996 年亚洲锦标赛冠军,1997 年东亚运动会第三名,1999 年 20 岁以下全国女篮俱乐部联赛冠军,2001 年东亚运动会冠军、世界大学生运动会亚军,2002 年世界女篮锦标赛第六名,第十四届亚运会女篮冠军,同年被评为中国女篮甲级联赛常规赛 MVP 及全国十佳运动员。在 2002—2003 WCBA 赛季上,她以 92 分的最高综合得分获得首位每周 MVP,其后还在第八周再次获此殊荣。2005 年签约加盟 WNBA 萨克拉门托君主队。

主要参考文献

1. 吴晓强,赵利民等. 现代篮球竞技理论与实战. 郑州: 河南大学出版社,1998.

2. [美]穆林(Mullin C.). NBA明星教你打篮球. 北京: 人民体育出版社,1997.

3. 崔景波. 中国篮球运动的故乡. 天津: 天津大学出版社,1995.

4. 李辅材,文福样等. 中国篮球运动史. 武汉: 武汉出版社,1991.

5. 沈文益,孙佑娥. 世界篮球与NBA. 北京: 旅游教育出版社,1995.

6. 郑斌,谢凯南. 篮球趣史. 天津: 天津教育出版社,1990.

7. 郭洪宝. 篮球运动小知识. 北京: 人民体育出版社,1989.

8. 马振洪. 跟专家练篮球. 北京: 北京体育大学出版社,1998.

9. 中国篮球协会审定. 篮球运动实用知识: 国际篮联推广普及篮球运动读物. 北京: 中国工人出版社,2001.

10. 孙民治. 现代篮球运动教学与训练. 北京: 人民体育出版社,2003.

11. 全国体育院校教材委员会. 篮球运动教程. 北京: 人民体育出版社. 2001.

12. [美]文森特·马洛兹. 顶级教练教你打篮球. 孙欢译. 南京: 江苏科学技术出版社,2003.

13. 叶国雄,陈树华. 篮球运动研究必读. 北京: 人民体育出版社,1998.

14. 闫艾萍. 街头篮球单打独斗. 北京：北京体育大学出版社,2004.

15. 贾志强. 篮球实战技巧. 北京：北京体育大学出版社,2003.

16. 俞继英. 奥林匹克篮球. 北京：人民体育出版社,2001.

17. 北京体育科学学会. 教练员训练指南. 北京：人民体育出版社,1992.

18. 陈树华,许永刚. 篮球运动训练理论与方法. 广州：广东高等教育出版社,2000.

19. 篮球大辞典编辑委员会. 篮球大辞典. 北京：人民体育出版社,1993.

20. 王世安. 篮球. 北京：北京体育大学出版社,1998.

21. 郑金困. 篮球技战术训练——走向球星. 北京：中国物资出版社,1997.

22. 郭玉佩. 篮球竞赛裁判手册. 北京：人民体育出版社,1999.

23. 张伯坦,闫育东. 篮球裁判必读. 北京：北京体育大学出版社,1998.

24. 孙民治等. 论篮球教练员的素质. 体育科学,1998(5).

25. [苏]波·莫·切特林. 篮球策略. 上海：勤奋书局,1953.

26. 张雄,徐济成. NBA 50 年. 北京：人民体育出版社,1997.

27. 苏群. NBA 宝典. 珠海：珠海出版社,1997.

28. 黄汉升. 体育教育训练学高级教程. 桂林：广西师范大学出版社,2003.